サステナブル経営

— 原理・潮流・実践 —

西尾 チヅル
上林 憲雄

編著

同文舘出版

はしがき

　現代社会において，企業の経営環境は急速に変化している。地球温暖化や資源の枯渇，生物多様性の喪失など，地球規模の環境問題がますます深刻化しているだけでなく，同時に社会的不平等，人権，格差問題等も浮き彫りになっている。持続可能な社会の構築に向けて，企業が果たすべき役割はますます大きくなっている。

　企業は法的および経済的責任を果たすだけでなく，企業行動が社会や地球環境に与える影響を広く認識しその管理と改善に努めよという，いわゆる企業の社会的責任論は今に始まったことでない。しかし，2015年に「持続可能な開発目標（Sustainable Development Goals: 以下SDGs）」が国連で採択されて以来，SDGsは学校教育の中でも積極的に取り上げられ，TV等のメディアでもSDGsという言葉を耳にしない日はない。取引先や顧客，投資家，従業員，地域住民といった多種多様な関係者（ステークホルダー）からの要請も日々高まっている。日本でもさまざまな企業がSDGsへの貢献を表明し，SDGsの達成度を統合報告書やメディア等で公開することが当たり前になりつつある。しかし，はたして，SDGsの個別の目標に対応することが，真に持続可能な経済社会を実現することに繋がるのだろうか。

　本書はこのような問題意識の下に，SDGsの理念およびその先にある持続可能な未来を志向する企業経営とはどのようなものか，どうあるべきかについて，正面から検討したものである。本書で展開される議論は，日本学術会議第25期経営学委員会「SDGsと経営実践・経営学・経営学教育を検討する分科会」でのさまざまな審議がベースとなっている（詳細は，日本学術会議第25期記録「サステナブル経営の実現を目指して：経済価値と社会的価値の統合」を参照されたい）。本分科会メンバーは付録1に示すように，経営戦略や組織だけでなく，マーケティング，会計・企業評価領域，さらには，経済学，環境科学，社会学領域の研究者から構成されている。その他，付録2および付録3に示すように，分科会メンバー以外にも，岩田喜美枝氏（味の素

株式会社社外取締役，株式会社りそなホールディングス社外取締役），高村ゆかり氏（東京大学未来ビジョン研究センター教授），竹ケ原啓介氏（政策研究大学院大学教授），野崎浩成氏（東洋大学教授），原 丈人氏（DEFTA PARTNERSグループ会長，アライアンス・フォーラム財団代表理事），夫馬賢治氏（株式会社ニューラルCEO，信州大学グリーン社会協創機構特任教授），諸富 徹氏（京都大学大学院経済学研究科教授）（以上，五十音順），さらには日本学術会議経営学委員会の野口晃弘氏（南山大学）および原 拓志氏（関西大学）からも専門的な知見や有意義な意見を頂戴した。この場を借りて深くお礼申し上げる。われわれは，このように各領域の知見を広く参照しながら，企業や組織をサステナブルなものにする経営，すなわち「サステナブル経営」を実行する上での問題点と必要な体制・対応策について足掛け3年にわたり検討してきた。このような領域横断的な議論ができるのは，日本学術会議ならではの良いところである。

　しかしながら，本書は学術界に身を置く研究者よりも，実際にサステナブル経営に従事されている企業人，一般市民，そして，未来を担う大学生にこそ読んでいただきたいと思っている。そこで，初学者にも広く読んでいただけるよう専門的で抽象的な内容については割愛するとともに，各章に関連する事例やトピックをコラムの形で挿入した。本文と合わせてコラムもお読みいただくことによって，サステナブル経営のさらなる理解に役立ててほしい。

　末筆ながら，出版事情の厳しい中で本書の刊行をご快諾くださった同文舘出版株式会社専門書編集部の青柳裕之氏に対し，心から謝意を申し上げる。

　本書が，サステナブル経営に関心のある方々の目に留まり，基本的な考えや理解を深めるとともに，サステナブル経営の実践者およびステークホルダーとして，主体的に行動する上での一助となれば，編著者として望外の喜びである。

2024年12月

編著者

西尾チヅル

上林　憲雄

Contents

サステナブル経営●もくじ

はしがき　*i*

プロローグ　サステナブル経営とは何か

1. ► SDGsの本質 ——————————————— *2*

2. ► サステナブル経営とは何か ——————————— *4*

3. ► 本書の構成 ———————————————— *6*

第 I 部　マーケティング・市場対応

第1章　企業のマーケティング活動と価値

1. ► マーケティングと消費者行動 ————————— *12*

(1) マーケティングの射程　*12*
(2) ソーシャル・マーケティングの台頭と消費者行動　*14*
(3) サービス基軸のマーケティング　*15*

2. ► 市場と生活世界における企業と消費者 ————— *17*

(1) 市場と生活世界の関係　*17*
(2) 経営にサステナビリティを与える基盤　*19*
(3) 市場と生活世界における企業と消費者の行動原理　*20*

3. ► 価値に関する論理基盤 ——————————— *22*

(1) 北欧学派のサービス研究　*22*
(2) S-Dロジック　*23*

iii

　　　　(3)　Ｓロジック　*24*

　　　　(4)　S-ＤロジックとＳロジックの類似点と相違点　*25*

４．▶ 経済的価値と社会的価値および両者の関係 ——————— *26*

　　　　(1)　交換価値と文脈価値／利用価値　*27*

　　　　(2)　経済的価値と社会的価値　*29*

５．▶ 生活世界における調整メカニズム ———————————— *31*

　　　　(1)　基本的な考え方　*31*

　　　　(2)　具体的な展開　*33*

６．▶ 「まとめ」とサステナブル経営に果たすNPO,NGOの役割 —— *37*

コラム１ サーキュラーエコノミーが目指す新しい価値の提供　*40*

第２章　サステナブル経営における価値創造

１．▶ 日本的SDGsの問題 ————————————————————— *46*

２．▶ 変わる経済構造 ———————————————————————— *47*

　　　　(1)　SDGsと短期収益　*47*

　　　　(2)　新たなKPIの必要性　*49*

３．▶ サステナブル経営とサービス経済の関係 ———————— *50*

　　　　(1)　サービス化する経済　*50*

　　　　(2)　サービス価値共創　*52*

４．▶ 共創価値の測定 ———————————————————————— *55*

　　　　(1)　変わる価値観　*55*

　　　　(2)　機能・感情・知識価値とは　*56*

　　　　(3)　共創価値と企業利益の時間的関係　*58*

iv

Contents

5． ► 共創価値がKPIとなる社会へ —————————— 61

コラム2 ヤマハ発動機シースタイルのサービス・エコシステム 64

第 II 部　組織・人的資源管理

第3章　企業の社会的責任からサステナブル経営へ

1． ► 企業と社会の関係 ————————————— 70

2． ► 企業にとって社会とは何か ————————— 70

(1) 経営学における社会の認識とその変遷　70
(2) 経営者による社会認識の拡張　71
(3) 経営者と株主の関係　72
(4) 多様なステークホルダー　74
(5) 社会的責任の具体的内容　75

3． ► サステナブル経営における経営者の視点 ———— 79

(1) CSR論とサステナブル経営　79
(2) サステナブル経営と人的資本　82
(3) 人的資源管理における経済性と社会性　84

4． ► サステナブル人的資源管理 ————————— 86

コラム3 サステナブル経営への行動変容　90

第4章　サステナブル人的資源管理の課題と展望
―ジェンダー平等,ディーセント・ワーク,ダイバーシティ&インクルージョン―

1. ▶ はじめに―これからのサステナブル人的資源管理に求められる視点― ― 96

2. ▶ ジェンダー平等の視点 ――――――――――――――――――――― 97
   - (1) 日本におけるジェンダー平等　97
   - (2) 日本企業における女性雇用の現状　98
   - (3) 海外の事例―ノルウェーにおけるジェンダー平等―　100
   - (4) 日本企業におけるジェンダー平等実現に向けた課題と取り組み　102

3. ▶ ディーセント・ワークの視点 ――――――――――――――――― 104
   - (1) ディーセント・ワークの概念　104
   - (2) 日本企業における障がい者雇用の現状　105
   - (3) 海外の事例―フィンランドにおける障がい者の雇用・就労支援―　107
   - (4) 日本企業における障がい者の雇用・就労推進に向けた課題と取り組み　109

4. ▶ ダイバーシティ&インクルージョンの視点 ――――――――――― 109
   - (1) ダイバーシティの概念　109
   - (2) インクルージョンの概念　112
   - (3) 日本企業におけるダイバーシティ&インクルージョン推進に向けた課題と取り組み　114

5. ▶ 今後の展望―社会的価値と経済的価値の両立に向けて― ―― 117

　コラム4　フィンランドのILONAプロジェクト　121

第 III 部　企業価値の測定と評価

第5章　サステナブル経営を実現する会計

1. ▶ 経済社会における会計 ———————————————— 128

(1) アカウンタビリティ（会計責任）　128

(2) 会計の役割：情報提供機能と利害調整機能　129

(3) 会計がかかえる課題　130

2. ▶ 置き去りにされた環境価値 ———————————————— 131

(1) 見過ごされてきた「基盤」　131

(2) 経済学の成立と環境価値　131

(3) わずかな警告　132

(4) 外部性と市場の失敗　133

(5) 外部性の内部化　134

3. ▶ 会計における経済性と社会性 ———————————————— 134

(1) 情報開示（ディスクロージャー）のパワー　134

(2) 社会性を取り込もうとする会計の試み　135

(3) サステナブル金融市場の枠組みとしてのサステナビリティ開示　136

(4) グローバルスタンダードとしてのサステナビリティ開示基準　137

4. ▶ サステナビリティ開示の情報提供機能 ———————————————— 137

(1) 国際サステナビリティ開示基準（IFRS S基準）とは　137

(2) 国際サステナビリティ開示基準（IFRS S1号）　139

(3) 国際サステナビリティ開示基準（IFRS S2号）　140

(4) 各国・地域におけるサステナビリティ開示基準開発　143

5. ▶ 利害調整機能としてのサステナビリティ開示 ―――― *144*

 (1) ステークホルダー資本主義へ *144*
 (2) 人的資本への分配 *145*
 (3) 付加価値分配を取り巻く状況 *146*
 (4) 人的資本投資と社会的な豊かさ *147*

6. ▶ サステナビリティ開示の社会的貢献 ―――――― *149*

 (1) サステナビリティ開示による社会性の内部化 *149*
 (2) サステナブル経営の基盤としての会計・サステナビリティ情報 *151*

コラム5 気候関連コミットメントの会計 *155*

第6章　サステナブル経営を実現する企業価値評価

1. ▶ サステナブル経営と情報開示 ――――――――― *160*

2. ▶ 社会的責任から企業価値向上へ ―――――――― *161*

3. ▶ 学術ではどうみているのか ――――――――― *166*

4. ▶ サステナブル情報を評価する際に考慮すべき概念 ― *170*

5. ▶ 望ましい企業価値評価に向けて ―――――――― *174*

コラム6 コーポレートガバナンス改革とサステナビリティと
マネジメントコントロール *179*

エピローグ　サステナブル経営の可能性と課題
―これからの企業経営と経営学へ向けて―

1. ▶ わかったこと ──────────────── 184

(1) SDGsとサステナブル経営　*184*
(2) 企業のマーケティング活動・市場対応　*185*
(3) 組織と人的資源のマネジメント　*186*
(4) 企業価値の測定と評価　*187*

2. ▶ サステナブル経営の実現へ向けた課題 ──────── 187

3. ▶ これからの企業経営と経営学へ向けての課題 ─────── 190

(1) 規範の探求　*190*
(2) 経営学の体系性に関する再検討　*191*

付　　録　*193*
索　　引　*199*

サステナブル経営
―原理・潮流・実践―

プロローグ
サステナブル経営とは何か

　本書の主題となる「サステナブル経営」とは何か，その基本的な考え方を解説する。第1節では，国連により2030年までに達成すべき目標として掲げられたSDGsの考え方について紹介する。SDGsの各目標は一体不可分で階層性があり，地球環境や社会基盤のうえに経済活動が成り立っている。第2節では，その考えを踏まえ，サステナブル経営が利益や効率の向上といった経済的価値のみならず，人間個人の心理や精神性，他者との人間関係や集団全体に共有される社会的価値をも併せ，両者をより高次元で合一させる経営を志向していることを説明する。末尾の第3節では本書のアウトラインを示す。

1. ► SDGsの本質

　SDGsとは持続可能な社会を実現するために，2030年までに先進国と発展途上国が協働して取り組むべき17の開発目標である。この17の目標は，さらに169の達成基準にブレークダウンされ，232の指標が提示されている。これらの目標は，大別すると，①貧困，飢餓，健康と福祉，人権，教育等の社会福祉領域，②気候変動，海洋資源や陸上資源の保護，自然環境とエコシステムの保全に関する地球環境領域，③産業，技術革新，インフラ整備，持続可能な生産と消費等の経済成長に関する領域から構成されている。このようにSDGsの目標は広範にわたっている。しかし，各要素（目標）は個別独立ではなく，相互に関連性をもっており，一体不可分であることに注意が必要である。

　例えば，「食品ロス」の問題を考えてみよう。これはSDGsでは「持続可能な生産と消費」（目標12）に位置づけられている。「食品ロス」を削減できれば，廃棄物削減や焼却ごみの削減にもつながる。日本ではごみは焼却するのが主流なので，それが減ればCO_2削減，すなわち，「気候変動問題」（目標13）にも貢献しうる。ところで，食品メーカーが「食品ロス」の問題へ対応するとなると，結局のところ，需給バランスと資源効率の高い食料生産システムが構築できているかどうかに行きつくだろう。とりわけ，食品自給力の低い日本の場合には，多くの食品メーカーにとって，グローバルな食料調達システムやサプライチェーンの構築や改善が求められる。すなわち，その課題解決のためには，「パートナーシップでの目標達成」（目標17）や「レジリエントなインフラ構築」（目標9）が必要となる。それができれば，結果として，発展途上国も含めた「雇用の改善と経済成長」（目標8），さらには，発展途上国の「飢餓への対応」（目標2）にもつながるであろう。一方，需給バランスと資源効率の高い食料生産システムが構築できれば，乱獲防止にもなり，「海洋資源の保全」（目標14）や「生態系・生物多様性保護」（目標15）

プロローグ
サステナブル経営とは何か

にも貢献しうるのである。

　一方で，「食品ロス」は生産者や食品メーカーだけでなく，物流，小売・流通業者，そして消費者にも原因がある。農林水産省によれば，本来食べられるにもかかわらず捨てられている食品ロス量において，令和4年度の総量472万トンのうちの約半分の236万トンは，家庭から発生しているという。食品ロスの削減には，消費者の知識やリテラシーの向上，すなわち，「教育」（目標4）も必要となる。それとともに，小売・流通業者は，店頭における過剰な値引きやタイムセールが消費者の過剰購買を引き起こし，結局，家庭での食品ロスを増やすことにつながっていないかに留意すべきである。なぜなら，これらの施策により，小売・流通段階での食品ロスを減らすことになっても，消費者がそれを使い切る，食べ切ることができなければ，食品ロスを消費段階に押しつけてしまっているだけに過ぎないからである。食品ロスの問題は，個々の企業だけでなく，消費者も含めたフードサプライチェーン全体で考える問題であり，この観点でも「パートナーシップでの目標達成」（目標17）が不可欠となる。このように，SDGsは環境，社会，経済の持続可能性の実現に必要な多様な目標から構成されているが，その解決のためには，相互の関連性を理解し，関連するステークホルダーによる統合的な対応が必要となる。

　もう1つの特徴として，SDGsの諸課題は階層性をもっている。ストックホルム・レジリエンス・センターのJohan Rockströmらは，それを三層からなるウェディングケーキに見立てて説明している（Stockholm Resilience Centre 2016）。SDGsの諸課題は大別すると3領域に整理できることはすでに述べた。彼らによれば，これら3領域は並列ではなく，地球環境領域を底層，社会福祉領域を中層，経済領域を上層とする三層構造をもつこと，その階層的な関連性を理解する必要があるという。すなわち，底層の地球環境領域（水，陸上生物や海洋資源等の生物多様性，および，それに重大な影響を及ぼす気候変動問題）に関する目標は，他の目標を支える基盤となっている。基盤としての地球環境を維持，回復させることができなければ，SDGsで提示され

3

ている社会福祉課題（貧困，飢餓，健康，教育，ジェンダー平等等）の目標
は達成できず，健全な社会は成り立たない。そして，健全な社会基盤が形成
されなければ，経済領域に関わる課題（働きがいや経済成長，産業・技術基
盤等）の達成は困難であり，結局，社会経済のサステナビリティは損なわれ
てしまうだろう。

　SDGsは2030年までの時限付きの目標である。本書を上梓する時点で残す
ところ後5年である。すでにほとんどが達成されているかというと，まった
くそうではない。国連の持続可能な開発目標レポート2024によれば，SDGs
の目標のうち，現時点で達成に向けた軌道に乗っているものは世界平均で17
％しかなく，半数近くは進捗が限定的，3分の1超は停滞または後退している
（United Nations 2024）という。それだけ，地球環境問題も社会問題も深刻化，
重層化しているのである。おそらく，2030年以降も同様に，地球環境と社会
と経済の統合的向上に向けた取り組みは，企業経営においても最重要課題で
あることは疑いの余地もない。SDGsは企業がサステナブル経営を実践する
ためのガイドラインとして活用できるであろう。

2. ► サステナブル経営とは何か

　SDGsには現代社会がかかえる問題を多面的に整理し，持続可能な社会に
向けて対応すべき課題が掲げられている。それらは，どのような業種におい
ても，関わりのある課題である。しかし，その対応については，一企業が，
表面的に対応して達成できるものではない。SDGsの本質に則って，環境と
社会と経済との関係を理解し，関連するステークホルダーと連携，パートナ
ーシップを組んで，統合的に取り組むことが求められている。それを目指し
た経営がサステナブル経営である。

　従来の経営では，経済的価値と社会的価値はトレードオフ関係にある，あ
るいは，環境や社会への対応は重要だが企業収益には結びつかないものと，
長らく考えられ，それが，企業の社会的行動を躊躇させてきた。しかし，

> **プロローグ**
> サステナブル経営とは何か

SDGsの理念に従えば，環境や社会課題への対応は，経済成長と対立，矛盾，背反するものではない。むしろ，企業は地球環境を毀損しないようなモノづくりや事業展開を行い，株主利益の最大化よりも従業員や地域住民も含めた多種多様なステークホルダー，および，それらの人間相互の関係性のうえに成り立つ社会的価値を充足する企業行動をとるべきである。そうしなければ，企業の持続的な成長は達成できないであろう。換言すれば，企業は経済的価値だけでなく，環境・人間・社会への配慮，倫理や人間の心理的充足を内包した社会的価値を，企業経営を通じて実現することが求められているのである。

　本書では，このような考え方に基づき，社会的価値（社会性）と経済的価値（経済性）双方の，より高次元における止揚を希求し持続可能な未来を志向することによって，企業・組織をサステナブルなものにする経営を「サステナブル経営」と呼ぶことにする。

　近年，ICT（Information Communication Technologies：情報通信技術）の発達や社会のデジタル化により，生活世界のさまざまな主体（人間）がインターネットでつながるIoH（Internet of Human）が実現可能となった。それにより，企業の事業活動のありようも大きく変化している。昨今では，企業の収益獲得の仕組みを根本的に見直そうとするビジネスモデル革新や，市場や社会の構成メンバーが相互に連携・協力し合うサービス・エコシステムという新しい概念が登場し，具現化されつつある。それにより従前では個別に分断されて捉えられてきた生産者・販売者と顧客・消費者が相互に協力し合い，顧客・消費者が価値共創の主体者としてエコシステムに参画するように変化している。すなわち，社会経済の基本的メカニズムは市場における価値交換から生活場面における価値共創へと転換しつつあるのである。このような変化は，企業経営における社会的価値の実現に追い風となっているといえよう。

3. ▶ 本書の構成

　本書は以上のような問題意識のもとに，サステナブル経営の原理とその展開方法について概説するものである。サステナブル経営の推進には，戦略，組織，技術開発，マーケティング，サプライチェーン，資金調達，ファイナンス，会計，監査など多様な部門が関わる。それらすべての役割やあり方を網羅的に説明するのは紙幅的にも困難である。そこで，サステナブル経営の実現において，特に勘案すべき，マーケティング・市場対応，組織・人的資源管理，企業価値の測定と評価に関する内容を中心に概説することにする。

　第Ⅰ部では，社会や外部環境における変化や潮流を理解し，社会的価値をステークホルダーと共創し，具体的にマーケティング展開するうえでの論理基盤や行動原理が示される。第1章では，経済や社会のサービス化，ICTやIoHに伴って，価値共創の場が市場から消費者の生活場面（生活世界）へと拡大し，そのような変化の中で社会的価値と経済的価値を考慮した新しい調整メカニズムの考え方が紹介される。第2章では，価値共創の場としてのサービス・エコシステムが事例とともに概説される。そして，そこで共創される価値（社会的価値）の種類と測定方法，さらにはそれらと企業収益（経済的価値）との関係が示される。

　第Ⅱ部では，企業組織と人的資源管理の観点からサステナブル経営のあり方が示される。第3章では，改めて，サステナブル経営とは何か，人的資源管理における経済性と社会性について，経営学の歴史的経緯を踏まえて紹介される。第4章では，SDGsで提示されている課題「ジェンダー平等」（目標5），「ディーセント・ワーク」（目標8），「多様性と包摂」（目標10）を取り込んだサステナブル人的資源管理（Sustainable Human Resource Management：サステナブルHRM）について概説し，日本における課題が示される。

　第Ⅲ部では，サステナブル経営と企業価値の測定と評価について概説される。第5章では，サステナブル経営を実現する会計について，会計における

経済性と社会性，とりわけ，社会性の内部化に向けたサステナビリティ情報開示のあり方などが示される。第6章では，サステナビリティ情報開示や企業価値評価の現状と動向を実務と学術の双方から検討し，株主・投資家を含めたさまざまなステークホルダーから的確に評価される企業価値評価のあり方が示される。これらは，サステナブル経営を実現しえているかの評価を，社会的価値も含めて企業価値として的確に評価し，フィードバックしていくうえで重要である。

　それでは，さっそくわが国における企業経営の実践を踏まえつつ，サステナブル経営実現のために必要な体制と具体的な対応を紹介しよう。

参考文献

日本学術会議経営学委員会SDGsと経営実践・経営学・経営学教育を検討する分科会（2023）「サステナブル経営の実現をめざして：経済的価値と社会的価値の統合」（SCJ第25期-050904-25390300-040），https://www.scj.go.jp/ja/member/iinkai/kiroku/1-20230904-10.pdf。

農林水産省（2024）「食品ロス量（令和4年度推計値）」，https://www.maff.go.jp/j/press/shokuhin/recycle/240621.html。

Stockholm Resilience Centre（2016）The SDGs Wedding Cake, https://www.stockholmresilience.org/research/research-news/2016-06-14-the-sdgs-wedding-cake.html.

United Nations（2024）The Sustainable Development Goals Report 2024, https://unstats.un.org/sdgs/report/2024/The-Sustainable-Development-Goals-Report-2024.pdf.

第 I 部
マーケティング・市場対応

第1章
企業のマーケティング活動と価値

　マーケティングは市場取引を研究対象としてきたが，本章では，まず，経済，社会のサービス化に伴い，研究の焦点が市場取引を超え生活世界に移行していることを示す。そして，その際の論理基盤ともいえるプロセスとしてのサービス概念を中軸に据えた北欧学派のアプローチ，S-Dロジック，Sロジックの考え方を明らかにする。さらに，貧困，環境，教育といった今日的な諸問題は市場ではなく生活世界を舞台とするものであり，その解決には生活世界における調整メカニズムが大きな役割を果たすことになることから，そこでの行動原理を経済的価値と社会的価値の視点から明らかにする。そして，新たな行動原理に依拠することが企業の経営にサステナビリティを与えることを指摘し，具体的な事例を明らかにする。また，最後に，NPO，NGOの役割についても言及する。

第Ⅰ部
マーケティング・市場対応

1. ▶ マーケティングと消費者行動

(1) マーケティングの射程

　企業の経営をその対象という視点から内部と外部に区分するなら，工場における労働生産性の向上を科学的に取り上げたテイラー（Tayor, F. W.）の研究は，内部経営に関するものとして位置づけられる（Tayor 1911）。一方，ほぼ同時期に需要創造活動と物的供給活動からなる流通を研究対象としたショー（Shaw, A. W.）は，まさに外部経営を扱ったものといえ，それは，今日，マーケティング研究における嚆矢的な存在として位置づけられている（Shaw 1915）。

　その後，外部経営を担うマーケティングの研究は，コトラー（Kotler, P.）を中心としたいわゆるマーケティング・マネジメントとしての研究へと進んでいったが，留意したいのは，それは，第1にモノ・ベースのマーケティング研究であり，また，第2に市場での売買に焦点をあてたものであったという点にある（Kotler 1967）。したがって，近年，経済のサービス化とともに注目されることになったサービスも，そこにおいては，有形財としてのモノに対する無形財としてのモノとして解釈され，それゆえに，モノと同じように市場取引の対象とされてきた。

　他方，こうしたモノ・ベースのサービス研究ではなく，サービスの本質はプロセスにあるとするグルンルース（Grönroos, C.）を中心とした北欧学派のサービス研究が1970年代末に始まったが（村松 2021），それは，プロセスとして捉えるサービス概念に基づいた新しいマーケティング研究へとつながり，北欧学派のサービス＆マーケティング研究はいわば先行的な役割を担いつつ発展を遂げていくことになった。しかし，残念なことに，少なくともわが国におけるマーケティング研究は，米国生まれのマーケティング研究を本流とし，さらにコトラーによるミドル・マネジメントとしてのマーケティン

グ・マネジメント研究の議論に終始してきたといえる（村松 1994）。とはいえ，上記の北欧学派によるサービス研究が，後述するようにS-Dロジック（Vargo and Lusch 2004）やSロジック（Grönroos 2006）の提唱へとつながっていくことになったのは，非常に興味深いことといえる。

さて，サービスはモノとともに市場取引の対象とされてきたとしたが，この市場取引ということに関していうなら，別の角度から，その問題点を指摘することができる。

いうまでもなく，マーケティングはmarketingであり，それ自体，売買行為を意味することから，マーケティング研究はいわゆる市場での取引そのものを対象とするものであることは自明のことである。それゆえに，マーケティング研究が理論的に注目してきたのは売り手としての企業の売手行動と，買い手としての消費者の買手行動であった。そして，売り手である企業については，単にいかにして売るかということだけではなく，そもそも何をつくるかということについても研究が進んだ。そして，この何をつくるかに関しては，単なる販売を超えたマーケティングという考え方が深く関与したのはいうまでもない。しかし，残念なことに，買い手である消費者については，いかにして買って使うかという2つの側面のうち，前者のいかにして買うかについての研究のみに焦点があてられ，後者のいかにして使うかについては，マーケティング研究者の多くは関心を寄せることはなかった。

言い換えれば，マーケティングにおける実践的課題は，売り手としての企業の完全なる売り捌きそのものに他ならず，マーケティング研究は，そのために消費者の購買行動の解明とそこで得られた研究成果を基盤とする作り手でも売り手でもある企業のマーケティング行動の理論化に多くの時間を割いてきたのである。

そして，その後，消費者の行動は，消費者行動研究という名のもとに固有の研究領域を有するものとしてマーケティング研究とは別に研究されることになったが，そこにおいても，売買行為の一端を担う企業のマーケティング行動に有益な知見を与えるという当初の意図が失われることはなかった。す

第Ⅰ部
マーケティング・市場対応

なわち，その主眼は，あくまでも市場における消費者の購買行動に置かれ，購買後のいわゆる狭義の消費行動である，消費・利用段階における消費者の行動に対する関心の高まりはあまりみることはなかった。

(2) ソーシャル・マーケティングの台頭と消費者行動

ところが，こうした形での消費者行動研究が進む中で，マーケティング研究にあっては，大きな転換を迎えることとなった。

すなわち，ソーシャル・マーケティングという考え方の台頭である（Lazer and Kelley 1973）。それは，経済的側面のみに終始してきたマーケティングに社会的次元を付加しようとするものであり，より具体的にいうなら，購買後の消費者の消費・利用段階において，本人はもとより，他の消費者，そして，生態的な環境に悪影響を与えないという社会的配慮を伴うマーケティングを意味するものであった。

言い換えれば，これまでのマーケティングが射程に入れてきたのは，まさに，消費者の市場における購買行動であったが，ソーシャル・マーケティングは，消費者の消費・利用段階にも焦点をあてることで，マーケティングの対象領域を拡大しようとしたものであり，狭義の消費行動への対応を意図するものだったといえる。その意味からするなら，消費者の消費行動への注目は，消費者行動研究ではなく，むしろ，マーケティング研究からもたらされたということになる。

しかしながら，こうした購買後の消費・利用段階に対する社会的配慮は，もちろん，当該消費者および他の消費者，そして，生態環境にネガティブな影響を与えないということを狙いとするものであるが，その最終的な目的は，あくまでも市場での消費者の購買を促進するためのものであり，マーケティングの主たる関心が依然として市場での円滑な売買取引に留まったままであったことはいうまでもない。

すなわち，そうした社会的配慮は，購買後の消費・利用段階でネガティブな影響を与えないようなモノづくりをするという形で作り手でもある企業の

第1章
企業のマーケティング活動と価値

マーケティング行動に反映させるものであり，使い手としての消費者の消費行動そのものに，直接，何らかのマーケティング行動を起こし，そのことによって，消費者にとってのより良い消費行動を促そうとするものでは，決してなかったことに，ここでは留意しておきたい。

(3) サービス基軸のマーケティング

一方，前述した経済，社会のサービス化が急速な進展をみせる中で，消費者意識も大きく変化することとなった。すなわち，消費者の関心は，所有から利用へ，モノからサービスへと移行していったのである。

そして，それは，これまでの米国流マーケティングの土台を揺るがすものとなった。なぜなら，これまでのマーケティングは，前述したように，モノに焦点をあて，市場でのより良い取引を実現するためのものであったが，経済，社会のサービス化は，それを超え，サービスの本質に迫った新しいマーケティングを必要としたからである。つまり，消費者が必ずしもモノの所有権を求めないというなら，これまでのような所有権移転を旨とするビジネスを念頭に置いてきたマーケティングは，その有効性を大きく後退させざるをえなかったのであり，新たに示すべきは，所有ではなく利用に，また，モノではなくサービスに焦点をあてたマーケティングということになった。

さて，ここでサービスについて改めて検討しておくべきことがある。それは，これまでの議論からすれば，2つのサービスが存在するということである。その1つは，伝統的に市場取引の対象とされてきたサービスであり，いま1つは，新たにプロセスとして捉えることとなったサービスである。しかし，両者は明らかに異なるものとして認識する必要がある。

この点，先に取り上げたS-Dロジックでは，サービシィーズ（services）とサービス（service）を明確に区分しており，こうした考え方からすれば，モノと同じ様に市場取引の対象とされてきたのはサービシィーズであり，サービスはプロセスとしての意味をもったものとして捉えられるということになるが，それでもなお，両者については大きな違いがあることに気づかなく

15

第Ⅰ部
マーケティング・市場対応

てはならない。すなわち，等価交換のもとで市場取引が行われるとしたなら，それに伴う企業と消費者あるいは売り手と買い手の間でなされる相互作用を伴う交渉は，モノとサービシィーズのいずれも市場取引時に1回あるが，さらに，そうした相互作用に注目するなら，後者については，その後のサービス授受に伴って行われる相互作用が，もう1回あるということになる。すなわち，企業と消費者あるいは売り手と買い手との間には，市場取引に関わる経済学的な相互制御関係と社会学的な相互制御関係が存在するのであり（上原 1985），このことからすれば，モノは市場での経済学的相互作用のみが，また，サービシィーズにあっては，さらに「その後」において社会学的相互作用が存在するということになる。

　一方，たとえモノであっても，その利用者は常に最適な利用を望むのであり，その際に当該利用者の知見・経験を遥かに超え，それを補うべきサービスを必要とするなら，そこで適切なサービス提供がなされることが不可欠となる。この点においては，サービシィーズとまったく同じだと考えられる。端的にいうなら，モノだろうがサービシィーズだろうが，消費者はそれをいかに利用するかに関心があり，その際のより良い利用には適切なサービスが必要であると考えているのである。

　そして，さらにいうなら，そうしたサービスが提供される時空間は，市場とは異なる「その後」において存在するという理解も重要なことといえる。すなわち，より良い利用がなされる時空間は，まさに市場取引を経た後のいわば消費・利用段階を指しているのであり，それこそが「その後」なのである。したがって，企業あるいは売り手は，市場取引に至るまでのいかにしてつくり，そして，売るかまでのマーケティングを超え，消費者の消費・利用段階である消費プロセスに入り込み，買い手あるいは使い手のより良い利用を促進するための新たなマーケティングを行うことが，今日，ますます重要になってきている（村松 2017）。

　そして，こうした市場を超えた「その後」の時空間を，消費者が日々の暮らしを営むということから生活世界と呼ぶなら（村松 2017），そこで求めら

第1章
企業のマーケティング活動と価値

れるマーケティングは，まさにサービスに基軸を置いたマーケティングということになる。なお，米国流のモノ・マーケティングではなく，まさにサービス・マーケティングとして，当初より，取り組んできたのが北欧学派のサービス&マーケティング研究である。

そして，サービスの起点も終点も顧客にあり，さらに評価も顧客によってなされること（村松 2017）を踏まえるなら，サービスの本質は受け手である消費者が主導するという点にあり，新しいマーケティングは，サービスの受け手である消費者が日々暮らす生活世界において社会的関係性を消費者との間に構築することから始める必要がある。なお，以下では，よりマクロ的な意味において消費者と表現し，顧客についてはよりミクロ的な意味で用いるものとする。

2. ▶ 市場と生活世界における企業と消費者

(1) 市場と生活世界の関係

これまでみてきたように，今日，マーケティングは市場を超え，舞台を生活世界に置き，モノではなくサービスに焦点をあて論じられるようになった。また，マーケティング行為の主体者である企業を研究対象とする経営学についても，既存の市場に基盤を置き，そこでの存立を論じるのではなく，生活世界での企業のあり方について明らかにすることが必要とされている。

言い換えるなら，市場と生活世界は同じものではないという理解がその前提に置かれている。そこで次に，消費者の視点からみて，市場と生活世界はどのように違っており，また，どのような関係にあるかを明らかにする。

すでに述べたように，消費者は日々の暮らしを営む存在であり，そのことからすれば消費者は生活者であるともいえる。そして，その生活はより良い暮らしを求めて創意工夫する日々として表現することができる。すなわち，そこでは，経験に基づく知見がサービスという形で自身に向けられ，それが

17

第Ⅰ部
マーケティング・市場対応

繰り返されることで，われわれはより良い日々の暮らしを手に入れてきたのである。それは，人類の長い歴史をみても明らかである。しかし，時に創意工夫に行き詰まり，他者から何らかの知見を得ることもあり，そこでのコミュニケーションが人類の進歩を支えてきたといえる。さらに，創意工夫が目指すものが何らかのモノであったなら，交換経済が発展する中で，われわれは，モノそのものを市場から入手することができるようになった。また，知見そのものを市場取引によって獲得することも可能であり，消費者のより良い日々の暮らしは，生活世界から市場への多面的な関与によって実現されてきたのである。

すなわち，消費者にとって生活世界こそがその目的であり，市場は手段であるということになる（**図表1-1**参照）。いうまでもなく，われわれ人類にとって重要なのは，生活世界そのものなのであり，多くの時間をあててきたのは生活世界であって市場ではない。むしろ，市場との関わり合いはほんの僅かでしかなかったのであり，それは，今日に至っても同じである。要するに，市場取引におけるその「瞬間」の解明とそれへの対応にマーケティング研究や経営学はこれまで莫大なまでの時間と労力を費やしてきたのである。

このことをマーケティング研究においていうなら，その中心は消費者の市場における購買行動に向けられてきたということであるが，皮肉なことに，それは消費者の1つの側面を取り上げているに過ぎず，さらに重要なことは，消費者にとってそれは単なる手段でしかなかったということである。したがって，本来なら，消費者が目的とする生活世界でのより良い日々の暮らしに研究の目を向けるべきであったのであり，少なくとも，消費者がモノを購入した後の消費・利用段階でどのようにそれが扱われているかにまで関心をもち，さらに，より良い日々の暮らしをより促進するようなマーケティング行為を生活世界に入り込んで消費者に施すことが必要だったといえる。

そして，このことは，市場を中心とした経済社会のもとで，人々の幸せの実現を目指してきたすべての学問領域に等しくいえることである。

18

図表 1-1　市場と生活世界の関係

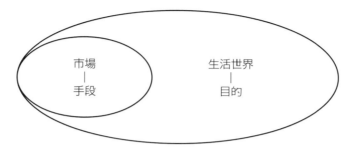

出所：筆者作成

(2) 経営にサステナビリティを与える基盤

　繰り返すまでもなく，これまでわれわれは市場を中心に経済社会を作り上げてきたのであるが，さらに，市場万能主義に陥り，すべての問題は市場で解決できると信じ込んでしまったことが，今日における一層の混乱を招いたといえる。

　すなわち，消費者，企業を取り巻くさまざまな問題，そして，社会のいたるところで次から次へと生まれる問題の解決と市場は本質的にどのように関わっているのかということである。そこで以下，このことについて，さらに視野を広げ，かつ多面的に検討していくこととする。

　まず，考えるべきは，第 1 に諸問題がどこで生まれているかということであり，第 2 にその解決を何に委ねたら良いのかということである。

　いうまでもなく，今日，われわれが解決すべき諸問題の多くは市場を超えたところで発生している。言い換えれば，それは市場取引を巡るものではなく，もともと市場取引の対象にさえなっていない。例えば，先に挙げたような今日的諸問題がそうであるが，もちろん，その解決を市場の調整メカニズムに委ねるということも考えられるが，そもそも，そうした問題は，市場で発生しているわけではなく，また，市場の不備がもたらしたものでもない。

第Ⅰ部
マーケティング・市場対応

それらは，生活世界で生じているのであり，むしろ，市場の合理性基準によって解決を図るということそれ自体が馴染まないものなのである。そして，こうしたことを踏まえたうえで，経営のサステナビリティについて考えるなら，そのための基盤は，市場ではなく生活世界にあるということになる。というのも，先に挙げた諸問題は，必ずしも合理的とはいえない行動原理をもつ生活世界を舞台としているのであり，その解決は合理性を旨とする市場では難しいと判断することが妥当である。したがって，今日における経営のサステナビリティは，諸問題を市場ではなく，生活世界で解決するという点にその基盤があると捉えることが重要といえる。

もちろん，先に触れたように，今日，諸問題を市場メカニズムに載せ，そのもとで解決を図ろうとする努力がさまざまになされているのも事実であるが，そもそもそれには限界があり，その解そのものが正解に至らないことは容易に推測できることである。したがって，重要なことは，市場で解決できる諸問題および解決すべき諸問題とそうではないものを峻別し，そうではない諸問題については，生活世界で新たに考え出すべき調整メカニズムによってその解決を図ることが必要といえる。

以上，繰り返すなら，今日，求められている経営のサステナビリティは，市場ではなく生活世界にその基盤があるのであり，今後，生活世界における企業と消費者の関係を考えながら，経営のサステナビリティについて明らかにする必要がある。

(3) 市場と生活世界における企業と消費者の行動原理

それでは，市場が求める合理性に基づく行動原理ではなく，生活世界ではどのような原理のもとで企業と消費者は行動しているのか。それは，市場と生活世界における行動原理を対比させることで，より明らかになっていく。

そこで，何をもって合理的であると判断するか考えることから始めよう。まず，最初にいえることは，市場は行動主体である企業と消費者に利己的に行動することを原理的に求めており，この利己性はそのまま市場における行

第1章
企業のマーケティング活動と価値

動原理の1つとなる。すなわち，売り手としての企業と買い手としての消費者は双方が自身の利益を求めて，利己的に行動する中で市場メカニズムがその調整を担うのである。企業と消費者に課せられた利己的行動原理こそが，市場が市場であることの由縁である。そして，この利己的行動原理に基づく市場取引の時間軸は短期的なものであり，それは，利他的，長期的な行動原理をもつ生活世界の行動原理と対称的である。確かに，市場において長期的な時間軸のもとでの行動と思われるものもあるようだが，例えば，それが，短期的取引を繰り返しただけの長期的取引であるなら，それは，長期的行動とはいえないのであり，両者を混同してはならない。また，生活世界における利他的行動原理は，サービスの本質に由来するものである。すなわち，すでに述べたように，サービスは受け手主導になるのであり，それゆえに，利他的行動が優先することは自明のこととなる。ただし，そうした利他的行動が利己性に基づいていると捉えるのであれば，それは，利他的利己主義という行動原理であると解釈した方が良いということになる（村松 2018）。

　いずれにせよ，こうした利他性に基づく行動原理は，一方で，長期的な行動原理をもたらすことに気づく必要がある。なぜなら，サービスの受け手である消費者は，市場で求められる短期性とは無縁であり，むしろ，サービスにあっては時間をかけて享受する場合もある。その結果，生活世界においてはこの長期的行動原理がごく自然に浮き上がってくる。

　最後は，企業と消費者の関係性であるが，市場で求められる利己的・短期的行動のもとでは，両者は対峙的とならざるをえない。これに対して，生活世界では，与え手の企業と受け手としての消費者は，サービスの本質からして支援・被支援的関係とならざるをえない（村松 2017）。**図表1-2**は，以上のことをまとめたものである。

第Ⅰ部

マーケティング・市場対応

図表1-2　市場と生活世界における企業と消費者の行動原理

市場		生活世界
利己的	利得性	利他的（利他的利己主義）
短期的	時間軸	長期的
対峙的	関係性	支援・被支援的

出所：筆者作成

3.　▶ 価値に関する論理基盤

(1) 北欧学派のサービス研究

　前述において，北欧学派のサービス研究が1970年代末頃に開始される中でプロセスとしてのサービス概念が生まれたとしたが，それは，サービス・マーケティングの研究を始めたグルンルースによる問題提起（サービス企業に伝統的なマーケティングは適用できないのではないか）とそれに対するコトラーの返答（そのための新たな概念やモデルは必要ない）が1978年になされたことに由来している（Grönroos 2017）。

　そして，このことを契機として，グルンルースによるサービス・マーケティング研究は深く静かに進行し，その結果，サービスをプロセスとして捉えるようになり，さらにサービスの消費は，結果（outcome）の消費ではなく，プロセスの消費であるとの見解（Grönroos 1998）に収斂していったのである。

　ただし，形がなくモノとは捉えることのできない，この新しいサービス概念とそれに基づくサービス研究およびマーケティング研究において，たとえ，約20年後にグルンルースとコトラーが再会し，コトラーが当時のグルンルースの主張を認めたところで，そのこととは無関係に，本流である米国流のモノ・ベースのマーケティングがその間にますます普及していったことは，先に述べたとおりである。

　ところが，その後，そうした米国流のマーケティング研究にあっても，経

済，社会のサービス化を背景にしてか，サービス概念が再検討されることになったのであるが，それは，残念ながら，コトラー自身から発したものではなかったものの，世界的にみても極めて大きな反響をもたらすものとなった。

(2) S-Dロジック

すなわち，2004年，バーゴ（Vargo, S. L.）とラッシュ（Lusch, R. F.）によってS-Dロジック（Service-Dominant logic）が提唱され，米国流マーケティングにおけるサービス概念の捉え直しが行われたが，それは，まさにプロセスとして捉えるサービスそのものであった。

要するに，これまで米国流マーケティングにあっては，モノに焦点があてられていたのであり，バーゴ＝ラッシュは，そうした考え方をG-Dロジック（Goods-Dominant logic）とし，新たにプロセスとして捉えられたサービスに焦点をあてた考え方をS-Dロジック（Service-Dominant logic）と呼んだのである。さらに，それまで必ずしも明示的ではなかったプロセスを「ナレッジ・スキルの適用」（Vargo and Lusch 2004, 2）として具体性をもって意味づけたことで，S-Dロジックに基づいた研究が一気に広まっていくことになった。それは，モノ・ベースのマーケティングの普及度に応じた実に壮大なものとなったことはいうまでもない。

そこでまず，S-Dロジックの要点をモノの位置づけという点からまとめるなら，モノはサービスを提供する際の単なる伝達手段でしかなく（Vargo and Lusch 2004），したがって，企業ができることは価値提供ではなく価値提案に留まり（Vargo and Lusch 2008），さらに，その価値に対する判断は，顧客が独自に経験的に行うというのである（Vargo and Lusch 2008）。次に，サービスに対する理解という点からS-Dロジックをみるなら，サービスは交換の基本的な基盤として捉えられ（Vargo and Lusch 2008），それゆえに，すべての経済はサービス経済ということになる（Vargo and Lusch 2008）。

このように，S-Dロジックは，サービスを前面に押し出した考え方として提示されたものであり，これまでのようなモノからの発想という呪縛からの

第Ⅰ部
マーケティング・市場対応

脱却を促すものとなった。

　ただし，バーゴ＝ラッシュがいうように，S-Dロジックそれ自体は，交換そのものを理解するためのレンズであり（Vargo and Lusch 2008），それがそのまま企業に何らかのマーケティング行為を促し，その理論化を意図したマーケティング研究へとつなげていくものではない。

　事実，S-Dロジック研究は，その後の展開において，例えばサービス・エコシステムといった概念にみられるように（Vargo and Lusch 2016），むしろ，マクロ的な視野を拡大していったのであり，ミクロとしてのマーケティング研究とは少なからず隔たりをもつようになったといえる。

(3) Sロジック

　そうした中，北欧学派の重鎮であるグルンルースは，S-Dロジックは彼自身および北欧学派によってこれまで久しく述べられてきたプロセスとして捉えるサービス概念から影響を受けているといわんばかりに，2年後の2006年に新たにSロジック（Service logic）を提唱した。

　もともと，彼の関心がサービス企業に適用できるマーケティングとは何かにあり，そこから，サービス概念の捉え直しが行われたことは，すでに述べたとおりである。そのことからしても，サービスの新たな視点を踏まえたミクロ・マーケティングこそがグルンルースの研究領域といえる。すなわち，Sロジックでは「顧客のためになすべきサービスとは何かを考えることが，マーケティング・ロジックとしてのサービスを定義する出発点である」（Grönroos 2006, 323）としており，それは，ミクロ・マーケティング研究の立場にあるからこそいえることである。

　そこで以下，企業と顧客の関係という視点からSロジックの考え方を明らかにし，さらに，マーケティング行為としての価値共創についても述べていくことにする。

　まず，Sロジックでは，顧客を価値創造者，企業は価値促進者として捉えている。このことを前述した生活世界における消費者行動と関連づけていう

なら，顧客は日々の暮らしをより良いものにするという目的をもった価値創造者として存在している。そして，価値創造にあたって，S-Dロジックでいうナレッジ・スキルが不足し，それを他者に求め，そのことに応じた企業は価値促進者として位置づけられ，さらに，そうした企業による顧客への対応によって，企業と顧客による価値共創が生まれるのである。

　したがって，マーケティング行為の主体者としての企業は，そのことをビジネスとして仕立て上げることが必要になってくるが，この点，Ｓロジックでは，顧客の価値創造がビジネスの基盤となるとしており（Grönroos and Gummerus 2014），企業があてるべきマーケティング行為の焦点は極めて明白なものとなっている。いうならば，顧客の価値創造を支援することにこそ企業の存在理由があるのであり，具体的には，いかにして，顧客の価値創造を価値共創に持ち込むかが企業にとっての課題となるが，それは，企業による顧客の価値創造プロセスへの関与によって可能となる。

⑷ ┃ S-DロジックとＳロジックの類似点と相違点

　S-DロジックとＳロジックはほぼ同時期に提唱されたものであるが，時間の流れからすれば，前述したように，Ｓロジックのもととなったグルンルースおよび北欧学派によるサービス概念の提示が先行していたということになる。

　それでは次に，同じくサービスをプロセスとして捉えるS-DロジックとＳロジックは何が同じで何が異なるのかをグルンルース＝グンメルス（Gummerus J.）の所論に基づき明らかにする。

　それによれば，まず，S-DロジックもＳロジックもサービスにおける受給者・供給者間の相互作用こそが重要と考える点は共通しているとしている。

　若干のコメントをするなら，もともとモノではなくサービスに焦点を置いているのが両ロジックであり，双方がともにサービスの相互作用性を重要だと考えるのは，ある意味で当然のことといえる。そして，企業は価値提案ができるという点でも両ロジックは同じ認識であると指摘している。なお，Ｓロジックにあっては，企業は価値提案を通じて顧客にプロミスするとしてい

るが，この点については，Sロジックに固有の考え方だといえる。

　一方，相違点についてはどうか。すでに述べたように，S-Dロジックはマクロ的，Sロジックはミクロ的な視野に立っており，それぞれが目指すゴールは違うものとなっている。そのうえで，グルンルース＝グンメルスに従って相違点を挙げるなら，第1に，S-Dロジックは，ビジネスの基盤を交換されるサービスそのものに置いているのに対して，Sロジックは，顧客の価値創造に基盤があるとしている点で大きく異なっているという。そして，後者については，先にも触れたように，価値創造プロセスへの関与がその成否に影響を与えることになる。また，前者のS-Dロジックにあっては，サービスの態様そのものがビジネス的には重要だということになる。

　第2に，S-Dロジックは，顧客は常に価値共創者であるとしているが，Sロジックはそのことに同意していないという。なぜなら，Sロジックにとって顧客は価値創造者だからであるという。言い換えるなら，Sロジックからすれば，顧客にとって企業は，むしろ，価値共創者だということになる。したがって，S-Dロジックは企業，Sロジックは顧客側の立場からサービスおよびマーケティングを捉えているということになる（Grönroos and Gummerus 2014）。

　そして，このことに関連して，両者の違いをいうなら，総じて，S-Dロジックはモノをサービスに寄せる考え方であり，Sロジックはサービスにモノを引き込む考え方であるといえる（村松 2015）。

4. ▶ 経済的価値と社会的価値および両者の関係

　モノからサービスへ，そして，所有から利用へという消費者意識が変化する中で，これまで本章では，市場から生活世界へと理論と実践の舞台を移すことの重要性を指摘し，その論理基盤も，バーゴ＝ラッシュのいうG-DロジックからS-Dロジックへ，グルンルースのいうGロジック（Goods logic）からSロジックへと転換することについて述べた。

第1章
企業のマーケティング活動と価値

　そこで本節では，それぞれにおいて主軸となっている価値とその変革という視点から，再度，S-DロジックおよびSロジックが主張する点について触れ，そこで取り上げられた交換価値から文脈価値／利用価値への転換を経済的価値と社会的価値の視点から捉え直し，両者の関係について明らかにするとともに，経営にサステナビリティを与える生活世界での社会的価値について明らかにすることの重要性を示し，さらに，生活世界における社会的価値に主眼を置いた調整メカニズムのあり方について検討する。

(1) 交換価値と文脈価値／利用価値

　まずは，これまでのようにモノに焦点があった場合であるが，そこにおいてモノは市場でカネと等価交換されてきた。すなわち，モノはそれ自体が価値をもち，市場で交換価値としてカネと引き換えられてきたということである。しかし，サービスに焦点が置かれた今日においては，モノは利用されることで初めて価値が生まれると考えられるようになり，その価値は文脈価値（S-Dロジック）／利用価値（Sロジック）と呼ばれることになった。すなわち，S-DロジックもSロジックもこうした利用を通じた文脈価値／利用価値に注目することの重要性を指摘したのである。

　また，以上のことから，これまでの社会が「モノ，市場，交換価値」，また，今日の新しい社会が「サービス，生活世界，文脈価値／利用価値」という鍵概念によってそれぞれ特徴づけられていることが明らかになった。

　そして，「モノ，市場，交換価値」の括りはG-Dロジックにおける主要概念から成り立っていると考えられるが，バーゴ＝ラッシュは，そのルーツをアダム・スミス（Smith, A.）に求めている（Vargo and Lusch 2004）。

　すなわち，アダム・スミスの関心はまさに国富への貢献にあり，国富そのものを明らかにすることにその目的があったという。言い換えるなら，それは，サービシィーズに触れることなく，モノに執着することで経済科学に対する強い志向性を満足させることでもあったと考えられる。すなわち，モノには価値が埋め込まれており，それが交換価値として市場でカネと取引され

27

第Ⅰ部
マーケティング・市場対応

ることで経済科学的な測定を容易にし，それがそのまま国富を指し示すという重大な役割を担うことを可能にしたのである。

一方，「サービス，生活世界，文脈価値／利用価値」という括りについてはどうか。再びアダム・スミスに戻るなら，当時，すでにモノに対するサービシィーズという概念は成立していたことになるが，測定可能性という視点からそれを排除し，国富論に辿り着いたということになる。その後，「有形財とサービシィーズを内包するサービス中心の経済理論」（野木村 2010, 50）を示したバスティア（Bastiat, F.）が出現するが，残念ながら，この斬新な考え方（Bastiat 1848; 1860）はその後の経済学の進展の中で相応の位置を占めることはなかった。しかし，このモノとサービシィーズを包括的に捉えるという考え方がS-Dロジックの成立に大きな影響を与えたことは改めるまでもなく，いうなれば，今日，ようやくS-Dロジックの提唱に伴って，そのことが，注目されるようになったということである。

そして，以上のことをマーケティング研究との関連からいえば，当初において，それが基盤に置いたのは，事前的な価値をもったモノ，すなわち，交換価値をもったモノが市場取引を通じてその対価としてカネと等価交換されるというまさにG-DロジックあるいはGロジックだったということになる。しかし，先にみたように，バスティアに依拠し，それをS-Dロジックという形で捉え直したバーゴ＝ラッシュが，G-Dロジックのもとにモノとサービシィーズを内包し，それをS-Dロジックがプロセスとしてのサービスによってさらに包み込んだということである。ただし，サービシィーズについては，次のような問題は存在する。

第1に，少なくとも先行的にサービシィーズにあっては，市場取引後に相互作用としてのサービスが伴うにもかかわらず，マーケティング研究はそのことを念頭に置くことはなかったという点である。その相互作用とは，上述の上原に基づいた社会学的相互作用にあたるのはいうまでもなく，サービシィーズの価値はそうした相互作用としてのサービス授受を経て初めて得られるのであり，すなわち，サービシィーズは未等価交換を強いられてきたので

ある（村松 2015; 2017，一部加筆）。

第2に，そうであれば，そこにおいて交換価値と文脈価値／利用価値の間の乖離として，機会収益の逸失および機会損失の転嫁が生まれてしまうということである（村松 2015; 2017）。すなわち，市場での交換価値以上の価値が生活世界での利用によって文脈価値／利用価値として生まれても，企業側はすでに市場で対価を受け取っており，それ以上のものを手にすることはできず（機会収益の逸失），また，交換価値以下の文脈価値／利用価値しか得られなかった場合，企業はそれを補填するわけでもなく，顧客はただただ受け入れるしかないのである（機会損失の転嫁）。企業と消費者の関係が市場で終わるというのはこういった不幸な事態を双方に招くのである。

そして，このことは所有に焦点があったモノについても，当然ながら，消費者の意識が所有から利用へと移行する中で同様のことがいえるようになったのである。すなわち，モノの利用による文脈価値／利用価値と交換価値との間の乖離という問題である。

その意味からも，モノだろうがサービィーズだろうが，市場を超え，生活世界で利用を促進するサービスを内実とした消費者との相互作用を起こす必要があるといえ，そこに新たなマーケティング理論と実践の舞台が置かれることになる。そして，それが行き着く先には，モノもサービィーズも所与とせず，サービスから始まり必要に応じてモノあるいはサービィシーズに関与する新しいマーケティングがある。

(2) 経済的価値と社会的価値

次に検討すべきは，交換価値と文脈価値／利用価値がそれぞれにもつ性質である。まず，交換価値であるが，これまでの流れからみるなら，それが市場でのモノとカネの等価交換に伴うものであることについては周知のとおりであり，また，サービィーズもモノと同じように市場取引の対象とされてきたことからも同じように考えることができる。次に文脈価値／利用価値であるが，それは，モノやサービィーズが生活世界で利用される中で生まれ

第Ⅰ部
マーケティング・市場対応

るものであり，モノやサービィシーズのように企業ではなく，顧客／消費者によって独自に価値判断がなされるということである。

　しかし，市場が求めるように合理的にモノやサービィシーズが等価交換されたとしても，その価値が生活世界で初めて認識される部分もあるだろう。そして，そのことの解釈としては，たとえ交換価値といえども，経済的価値のみならず社会的価値がそこに含まれていると考えることができる。したがって，同じように文脈価値／利用価値についても社会的価値のみならず経済的価値が含まれていると考えられる。

　すなわち，生活世界で享受する文脈価値／利用価値は，一般的には経済的合理性とはかけ離れた存在であるということになるが，生活世界で消費者がむしろ経済的合理性のもとで行動することもあり，逆に文脈価値／利用価値には経済的価値が内包されている可能性もある。また，交換価値についても，取引されたモノやサービィシーズのすべてが経済的価値として市場で等価交換されるわけではなく，むしろ，経済的価値を超えた社会的価値として評価される部分も含まれていると考えられる。言い換えるなら，生活世界といえども経済的な行動が否定されているわけではなく，したがって，経済的合理性を超えた社会的価値を認識することが重要であり，その裁定を市場に期待することは難しいことなのである。すなわち，先に触れた生活世界を舞台とする諸問題の解決をただただ市場に任すことはできないのである。そして，間違いなくいえることは，すべては消費者の価値判断に依存しているということであり，それゆえに，消費者が人間として成熟し，高度化することが今日求められている。

　要するに，交換価値と文脈価値／利用価値がともに経済的価値と社会的価値の二面性をもつのであれば，市場と生活世界の関係を交換価値と文脈価値／利用価値の視点から説明することに加え，経済的価値と社会的価値という側面から見通すことも重要なことといえるのである。

第1章
企業のマーケティング活動と価値

5. ▶ 生活世界における調整メカニズム

(1) 基本的な考え方

それでは，市場と生活世界のそれぞれにおける経済的価値と社会的価値という視点から，本書の主題であるサステナブル経営について考えることにするが，すでに述べたように，経営にサステナビリティを与える基盤はまさに生活世界であるが，その広がりは膨大であり，未知なるビジネスチャンスが潜んでいる。そして，そこでは，社会的価値を中軸に据えながらも経済的価値をも考慮する新たな調整メカニズムが必要となってくる。言い換えるなら，この調整メカニズムが機能することで，サステナブル経営は確保できることになる。

そこで以下，新しい調整メカニズムとは何かについて，いくつかの論点のもとで明らかにする。

第1に，今日の諸問題は市場ではなく生活世界で発生しており，それらは，市場システムに依拠するのではなく，生活世界でその解決を図るべきだということである。これまで，すべての諸問題を一律的に市場システムに載せてきたが，市場で解決できるものとできないもの，そうすべきものとすべきではないものを区別し，できないものとすべきではないものについて生活世界での新たな調整メカニズムのもとで解決することが重要である。

第2に，それゆえに，市場と生活世界は連動しており，互いに補完し合う関係にあるということである。言い換えれば，生活世界は市場を排除し，それを代替しようとするものではない。上述したように，市場ですべてを解決しようとしてきたことに無理があったのであり，経済的合理性の獲得という点においては，今後ともわれわれ社会における市場の役割は大きいといえる。

第3に，生活世界における社会的調整メカニズムは，社会的価値の創造と向上を旨とするものであるが，そこにおいては，生活世界での経済的合理性

31

第Ⅰ部
マーケティング・市場対応

のもとでの行動に加え，市場での経済的価値が生活世界で表面化するものも含まれることになる。

第4に，生活世界での行動原理は企業と消費者の間の支援・被支援的関係を前提に置いた利他的（利他的利己主義）かつ長期的なものといえる。したがって，今日的な諸問題は，こうした関係性のもとで利他的，長期的観点から調整されることになる。

第5に，したがって，生活世界での調整は，利他性，長期性に加え，経済的合理性を含む社会的価値という視点から行われることになる。

そして，以上のことを踏まえ，ここでは，生活世界における新たな調整メカニズムを次のように捉えるものとする。

すなわち，市場での対峙的な交換価値には，経済的価値が中心でありながらも，生活世界で発現するものも含まれている。一方，生活世界における文脈価値・利用価値は，社会的価値を中心とするものの，消費者の単独行動としては経済的価値に基づくこともあり，さらには，企業と消費者による共創行動にあっては，両者が支援・被支援的関係にある以上，経済的価値が考慮されることにもなる。

言い換えるなら，生活世界での新たな調整メカニズムにおいては，企業が求める経済的価値は，消費者を支援するということを通じてのみ許容されるものであり，企業の利己は，顧客に対して利他であることで初めて可能になるということである。繰り返すなら，利他的利己主義はまさにこのことをいっている。そして，何よりも，そのためになされた意思決定の結果は，市場での他律的な調整メカニズムではなく，生活世界では極めて自律的に調整されるということであり，その自律性は高度な消費者あるいは顧客に依存するのである。すなわち，これこそが生活世界における新たな調整メカニズムというものである。

そして，以上のような調整メカニズムに基盤を置く生活世界中心の社会づくりこそが，経営にサステナビリティを与えるのであり，そのことが，今日のわれわれが取り組むべき喫緊の課題となっている。

(2) 具体的な展開

　さて，実際のビジネスにあっては，すでに市場を超えた生活世界でいくつかの事例をみることができる。そこで次に，それらについて明らかにする。

①　建機メーカーK社の新たなビジネス

　K社は建機メーカーとして，これまで長きにわたって建設機械を生産し，販売してきた。そして，そうしたビジネスを行う中で，建機に付帯させた情報端末器から得られた情報を分析し，顧客企業にその結果を提供することで高い評価を受けてきた。というのも，そこにおいては，部品の交換時期のみならず，作業効率そのものを高めるために必要な情報が含まれていたからである。

　さて，伝統的なビジネスの多くは市場取引の完遂をもって終了すると考えられてきたのであり，こうしたK社の取り組みは，モノの消費／利用段階においてなされるものであり，それは，まさに市場を超えたものといえる。これまでみてきたように，消費者の目的は，手段として市場で購入したモノの消費／利用を通じて自身にとっての何らかの価値を生み出すことにあり，その際の顧客が企業だろうが消費者だろうが同じである。言い換えれば，消費者を念頭に置いた生活世界というのは，この建機メーカーにおいては顧客企業が営むビジネスという時空間ということになる。そして，そのことは，これまでのいわば売り切り型ビジネスに留まらず，建機を利用することで可能になる顧客企業のビジネスを支援するものといえる。

　さらに，その後，K社はこうした取り組みを，スマートコンストラクションというサービスビジネスに発展させることとなった。すなわち，そこでは，建機を購入した顧客企業に，当該企業が請け負った工事等が円滑に進むようなマネジメントするサービスを提供し，それをビジネスとして展開しているのである。この事例から明らかなことは，市場を超えた生活世界でのビジネス展開が同社に経営のサステナビリティを与えているという点にある。さら

第Ⅰ部
マーケティング・市場対応

に，興味深いのは，同社によるスマートコンストラクションビジネスの対象者は，建機を購入した顧客企業だけでなく，いわゆるレンタル顧客企業にまで及んでいることである。したがって，その部分だけ取り上げれば，同社にあって売り切り型ビジネスはすでに存在しないということになる。

いずれにせよ，同社の新たなビジネスは，市場での対峙的な交換価値ではなく，生活世界での消費者あるいは顧客にとっての文脈価値／利用価値に焦点を置くものであり，それは，建機の利用から生まれる価値を支援・被支援的関係にある同社が顧客企業と一緒になって共創していることを意味している。そして，いうまでもなく共創される文脈価値／利用価値は顧客企業が自身のビジネスを展開することで得られる成果そのものなのである。すなわち，同社は顧客企業が建機を利用する段階に入り込み，顧客企業にとっての文脈価値／利用価値を共創することを通じて，経済的価値を得ているのである。

以上のことから，ここでいう社会性とは生活世界における支援・被支援関係のもとで構築されるものであり，社会的価値とは，そうした社会性を発揮することで生まれるものとして捉えることができる。

そして，こうしたモノを扱う企業ということでいうなら，B to B，B to C，卸売業，小売業を問わず，K社の事例と同じように解釈することができる。それでは，直接，モノを扱うことのないサービス業については，どのような事例をみることができるだろうか。

② テーマパークY社の業績回復

ここでは，テーマパーク企業のY社が成し遂げた業績回復を市場を超えた生活世界での取り組みという視点から取り上げる。

Y社は，業績が低迷する中で，ビジネスのあり方そのものについて考え直すこととなったが，そこから導き出されたのは「顧客は何をしに来園するのか」という問いであった。

それまで，同社がビジネスを展開していくうえで重視してきたのは，入場者数および料金，施設数および施設ごとの顧客回転率といった企業あるいは

第1章
企業のマーケティング活動と価値

交換価値の視点に立つものであり，それらをライバル企業と比較しながら経営の舵をとってきたが，そうしたことは，必ずしも業績を高めることにはつながらず，むしろ，業績は悪化の一途を辿るばかりであった。そして，業績回復の契機となるべくビジネスの見直しが行われ，先の「問い」に対して用意されたのが「顧客は遊ぶため，楽しむために来園する」という答えであった。

　いうまでもなく，そのことが示唆するのは，顧客がテーマパークを利用することで生まれる文脈価値／利用価値への注目である。そして，考え出されたのが，顧客に声を掛け，一緒になって楽しむということを接客要員（クルー）に実践して貰うということであった。その結果，クルーは，どれだけ多くの顧客に声掛けをしたか，また，一緒になって楽しく遊んだかが評価の基準となったが，クルーに向けたマニュアルが存在しないことも，顧客の「遊び」に寄り添うという考え方の一端を示すものでもあった。というのも，顧客はさまざまであり，その「楽しみ」，「遊び」も多様なことから，クルーによる対応も一律的なマニュアルに求めることはできなかったからである。

　そして，改めるまでもなく，顧客にとっての「遊び」とは，生活世界そのものの中で行われるものであり，来場顧客に声を掛け，一緒になって楽しく遊ぶというのは，まさに顧客の生活世界への入り込みに他ならない。さらに興味深いのは，そうしたクルーについては，会社の正社員をあてがうのではなく，アルバイト雇用者のクルーに任せたという点である。なぜなら，クルーは仕事が終われば，年間パスポートを使って入場し，まさに顧客として「遊び」を満喫するのであり，そうした「遊び」のプロとしての経験がクルーとしての職務に十分に活かされると考えたからである。そして，このことが，痒いところに手が届く接客を生み出しているのである。

　こうして同社は，ビジネスの焦点を市場ではなく生活世界に置くことになったのであるが，その後，同社が急速な業績回復を成し遂げたことはいうまでもなく，同社に経営のサステナビリティを与えたのは，市場ではなく生活世界ということになる。

第Ⅰ部
マーケティング・市場対応

③　ソフトウェア開発企業S社のビジネスモデル

　市場にビジネスの焦点を置く限り，ビジネスの多くは，これまでのような売り切り型ビジネスとならざるをえない。そして，そのことはいずれ価格競争を招き，ビジネスを弱体化させることになる。この問題に正面から挑んだのがソフトウェアやコンピュータシステムの開発をB to Bの形で手掛けるS社である。

　ビジネスに対する同社の考え方は「納品のない受託開発」という言葉に如実に表れている。これまでソフトウェアやコンピュータシステムは，モノと同じように市場取引の対象とされ，それゆえに，販売することが企業側のゴールであり，部品交換・修理等は担うものの，その後，納品したソフトウェアやコンピュータシステムが顧客企業のビジネスにどのように寄与するかについての関心は希薄であった。

　そこで同社は，これまで一般的であった「一括請負の納品型での受託開発」から「納品のない受託開発」というビジネスを目指すことになったのである。すなわち，その狙いは①顧客企業と同社開発者が一緒になってより良いソフトウェアやシステムの開発を目指し，②顧客企業の事業変化・成長に柔軟に適応（改善・拡張）することで，③顧客企業とのチーム的成長によってより良い成果を生むことにある（同社HPより）。

　確かに，ソフトウェアやコンピュータシステムの開発というビジネスの特性が，こうした展開をもたらしたともいえるが，少なくとも同業他社はそれまで売り切り型ビジネスに終始していたのであり，同社の新たな取り組みは，本章が述べてきた市場を超えた生活世界でのビジネス展開そのものに充当するといえる。

　そして，さらに興味深いのは，同社が顧客企業との間で結ぶ受託契約は，月額定額・顧問形式・成果契約といわれるものである点にある。具体的には，顧客企業の課題解決を成果として捉え（成果契約），そのもとで同社の開発責任者は顧客企業とは顧問としてパートナー関係を築き（顧問形式），当該開発責任者の報酬，開発チームを組成する場合の人件費，そしてクラウド基

36

盤の運用費を合算した定額を月ごと（月額定額）に受け取るのである（同社HPより）。すなわち，顧客企業による支払い価格という意味においては，いわゆるサブスクリプションの形をとっており，それは，市場での売り切り型ビジネスにおいて採用される交換価値としての価格設定を超え，生活世界での使用／利用に伴う文脈価値／利用価値を反映した考え方に近いといえる。

　要するに，同社は，顧客企業のビジネス成長に時間軸をもって寄り添い，その中で生まれる課題の解決に取り組み続けるのである。その意味において，同社が掲げる「納品のない受託開発」というのは，市場を超えた生活世界に入り込んだビジネスを言い表すものであり，顧客企業のビジネス的成功を支援することに同社のビジネス基盤が置かれているということになる。つまり，そうした取り組みが同社の経営にサステナビリティを与えているのである。

6. ▶ 「まとめ」とサステナブル経営に果たすNPO，NGOの役割

　このように，今日，求められているのは，市場中心主義から生活世界中心主義への転換である。

　市場メカニズムと生活世界での新たな調整メカニズムの違いは，繰り返すまでもなく，前者にあっては，市場参加者には合理的判断が強制され，調整については市場という他者に依存した形，すなわち，他律的に行われるのに対して，後者においては，あくまでもヒトの判断に依存するのであり，極めて自律的なメカニズムといえる。と同時に，そこにおける消費者あるいは顧客の判断は，自身のみならず，常に他者，社会全体に対しても向けられ，いわば社会的価値を踏まえたより高度なものとなり，人類の進歩という点で望むべき姿といえる。

　そこで最後に，こうした観点から，これまでの市場経済社会に検討を加えるなら，サステナブル経営という側面からして，もともと活動の舞台を生活世界に置くNPOやNGOがこれまでどのような役割を担わされてきたかという問題を取り上げるべきと思われる。

第Ⅰ部
マーケティング・市場対応

　すなわち，現行において，それらは市場中心主義の考え方を所与とし，実質的にその限界を穴埋めするかのような位置づけとなっているが，本章のこれまでの主張からすれば，それは，まさに不均衡な補完関係といわざるをえない。これを生活世界中心主義の立場から捉え直すなら，まずは，生活世界においては，社会的価値，経済的価値を包含する高度な消費者あるいは顧客の判断があり，そのうえで，経済的価値に特化した市場についても，その存在を承認するということになる。言い換えるなら，そこにおいては明確な役割分担があり，それゆえに，均衡した補完関係が成立しているということになる。

　したがって，NPO，NGOが社会的価値のもとで，さらに経済的価値をも内部化（言い換えれば，社会的価値を追求するために経済的合理性を受け入れるということ）しているという本質を理解したうえで，生活世界でそれらが十分に活動できるような国や地方政府における政策転換が急務となっている。

参考文献

上原征彦（1985）「サービス・マーケティングの本質とその日本的展開」『マーケティングジャーナル』4(4)，pp.11-18。

野木村忠度（2010）「S-DロジックとG-Dロジック：経済学からの写像」井上崇通・村松潤一編著『サービス・ドミナント・ロジック：マーケティング研究の新たな視座』同文舘出版。

村松潤一（1994）『コーポレート・マーケティング：市場創造と企業システムの構築』同文舘出版。

村松潤一（2015）「価値共創の論理とマーケティング研究との接続」村松潤一編著『価値共創とマーケティング論』同文舘出版。

村松潤一（2017）「価値共創マーケティングの対象領域と理論的基盤：サービスを基軸とした新たなマーケティング」『マーケティングジャーナル』37(2)，pp.6-24。

村松潤一（2018）「サービス社会とは何か」村松潤一・山口隆久編著『サービス社会のマネジメント』同文舘出版。

村松潤一（2021）「マーケティング研究と北欧学派」村松潤一・大藪亮編著『北欧学派のマーケティング研究：市場を超えたサービス関係によるアプローチ』白桃書房。

Bastiat, F.（1848/1964）*Selected Essays on Political Economy,* Cain, S. trans., D. Van Nostrand.

Bastiat, F.（1860/1997）*Harmonies of Political Economy,* Sterling, P.S. trans., J. Murray.

Grönroos, C.（1998）Marketing Services: The Case of a Missing Product, *Journal of Business and Industrial Marketing,* 13(4/5), pp.322-338.

Grönroos, C.（2006）Adopting a Service Logic for Marketing, *Marketing Theory,* 6 (3), pp.317-333.

Grönroos, C.（2017）I Did It My Way, *Journal of Historical Research in Marketing,* 9 (3), pp.277-301.

Grönroos, C., and J. Gummerus（2014）The Service Revolution and Its Marketing Implications: Service Logic vs Service-Dominant Logic, *Managing Service Quality,* 24(3), pp.206-229.

Kotler, P.（1967）*Marketing Management: Analysis, Planning and Control,* Prentice-Hall.（稲川和男・竹内一樹・中村元一・野々口格三訳『マーケティング・マネジメント 上下』鹿島出版会，1971年）

Lazer, W., and E.J. Kelly, eds.（1973）*Social Marketing: Perspectives and Viewpoints,* Richard D Irwin.

Shaw, A.W.（1915）*Some Problems in Market Distribution,* Harvard University Press.（伊藤康雄・水野裕正訳『市場配給の若干の問題点』文真堂，1975年，丹下博文訳『市場流通に関する諸問題』白桃書房，1992年）

Smith, A.（1776/1904）*An Inquiry into the Nature and Causes of the Wealth of Nations,* Reprint, Printed for W. Strahan and T. Cadell.

Taylor, F.W.（1911）*The Principles of Scientific Management,* Harper and Brothers Publishers.（上野陽一訳・編『科学的管理法（新版）』産業能率短期大学出版部，1961年）

Vargo, S.L., and R.F. Lusch（2004）Evolving to a New Dominant Logic for Marketing, *Journal of Marketing,* 68(1), pp.1-17.

Vargo, S.L., and R.F. Lusch（2008）Service Dominant Logic: Continuing the Evolution, *Journal of the Academy Marketing Science,* 36(1), pp.1-10.

Vargo, S.L., and R.F. Lusch（2016）Institutions and Axioms: An Extension and Update of Service-Dominant Logic, *Journal of the Academy of Marketing Science,* 44(1), pp.5-23.

第Ⅰ部　マーケティング・市場対応

コラム1　サーキュラーエコノミーが目指す新しい価値の提供

　2050年カーボンニュートラルの実現への要請や欧州に端を発するサーキュラーエコノミーへの対応は，単に環境負荷の低い商品を製造し販売するだけでなく，モノづくり企業のビジネスの展開方法そのものの変革が求められている。

　サーキュラーエコノミーとは，「バリューチェーンのあらゆる段階で資源の効率的・循環的な利用を図りつつ，ストックを有効活用しながら，サービス化等を通じ，付加価値の最大化を図る経済」（経済産業省 2023, 3）である。このサーキュラーエコノミーという考え方は，2015年に欧州委員会が発表したサーキュラー・エコノミー・パッケージで一気に世界に広がったといわれている。しかし，サーキュラーエコノミーの目的の1つである「資源循環」という言葉は，日本でも，2001年に制定された循環型社会形成推進基本法の中で登場し，基本的な考え方や方法が整備され，自治体や企業などで実施されてきた。それと，昨今のサーキュラーエコノミーはどこがどう違うのであろうか。

図表　サーキュラーエコノミーとは

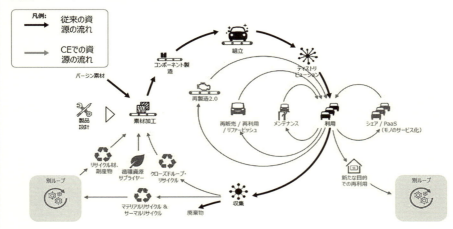

出所：経済産業省「循環経済ビジョン2020」p.53

40

コラム1
サーキュラーエコノミーが目指す新しい価値の提供

　循環型社会形成推進基本法で整備された「資源循環」は，モノづくりにおいて，できるだけ資源の投入量や消費量を抑え，循環資源を積極的に利用するとともに，廃棄物の発生を抑制することによって環境への負荷をできる限り低減することを目的としている。これにより，従来の製品のライフスタイル，すなわち，調達，生産，消費，廃棄といった流れが一方向の経済システム（図表の太線矢印）に，リサイクルプロセスを追加した資源循環が追加された。しかし，当時のシステムでは，これらの資源循環に付加価値をつけて経済的な価値を高め，経済成長につなげるという発想はみられない。それに対し，サーキュラーエコノミーでは，廃棄段階をなくし，すべての資源を使用し続けるという考えのもとで，製品の利用期間をなるべく長くするためのさまざまなサービスを充実させることを求めている（図表の細線矢印）。これにより，顧客や消費者に提供する価値を下げることなく，資源利用の最小化と循環的利用を促進させることを企図している。

　図表では車の利用段階におけるサービスが例示されている。1つ目は，メンテナンスサービスである。すなわち，車のメンテナンスサービスを充実させて，車の所有者にその利用を促進させれば，車の利用年限そのものを延長させることができる。また，車の所有者が代わっても，清掃，修理，部品などの交換により機能を回復させるサービスを実行することで，車を再販可能な状態に戻すことができる。これにより，中古車などのリユース市場の拡大，活性化につなげることができる。さらには，回収した車を分解し，再製造することで，新品同様の品質や性能をもった製品として再生させることも可能となるのである。一方，図表の右側のループは，消費者が車を所有せずに，必要なときだけ車を借りることができるシェアリングサービスを示している。近年では，車を所有している消費者自らが，シェアリングのために自分の車を提供することもできる。シェアリングサービスは，特定のリソースを複数のユーザーが共同で使用することから，製品の利用密度を高めることにもつながるのである。

　このようなサービスは，製品の利用密度や寿命を延ばし，再利用，修理，再製造，リサイクルを通じて経済的価値を維持できるだけでなく，廃棄物削減や最終処分場のひっ迫の緩和，CO_2の削減のほか，大規模な資源採取がもたらす生物多様性の破壊の抑制といった社会的価値の回復，維持への貢献が期待できる。近年，その需要は高まっている。日本政府の試算によれば，サーキュラーエコノミー関連の日本国

41

第Ⅰ部
マーケティング・市場対応

内の市場規模は，2020年は50兆円であったのに対し，2030年には80兆円，2050年には120兆円まで拡大するという（経済産業省 2023）。

　ところで，サーキュラーエコノミーは，企業のマーケティング戦略のあり方にも大きな変革をもたらす。図表で示したサーキュラーエコノミーを実現するためには，少なくとも①資源回収のためのリサイクルチャネルの構築，②従来の「モノの販売を通じて価値を提供する」戦略から，「サービス化して機能を提供する」戦略への転換，③リユース市場の拡大，④消費者の受容性がカギとなるであろう。とりわけ，②の手段として，メーカーはサービタイゼーション（例えば西岡・南 2017）を積極的に検討すべきである。なぜなら，価値の源泉である製品を販売せずに，サービスとして，すなわち，顧客に機能を提供する方式にすれば，顧客に所有権は移転しないので，製品は顧客側で廃棄されずにメーカーに必ず戻ってくる。したがって，上記①の資源回収のためのリサイクルチャネルを整備する必要はない。メーカーはサービス契約終了後，必要なメンテナンスやリファービッシュを行うことにより，別の顧客向けに再サービス化できるのである。加えて，近年，レンタルやリースだけでなく，サブスクリプションやシェアリングサービス，さらにはメルカリなどのC2C型の再販市場も台頭している。消費者はこれらの新しいサービスに抵抗がなく，むしろその受容性は高まっている（Bardhi and Eckhardt 2017; 久保田 2020; 山本 2021等）。メーカーは，自社のリソースや強みを活かしたサービタイゼーションを展開できるのである。その際，資源循環や地球環境保全という社会的価値の実現という観点からは，サーキュラーエコノミーで展開されるモノはエコプロダクトであることが必須となる。そして，消費者が地球環境問題と消費行動との関係とその重要性に気づき，消費者自らがサーキュラーエコノミーの担い手になってもらうためには，適切なコミュニケーションが不可欠となる。具体的なコミュニケーションの方法については，西尾・高山（2024）を参照されたい。

[参考文献]

久保田進彦（2020）「消費環境の変化とリキッド消費の広がり：デジタル社会におけるブランド戦略にむけた基盤的検討」『マーケティングジャーナル』39(3)，pp.52-66。

経済産業省（2020）「循環経済ビジョン2020」，https://www.meti.go.jp/press/2020/05/2020052 2004/20200522004-2.pdf。

経済産業省（2023）「成長志向型の資源自律経済戦略」，https://www.meti.go.jp/press/2022/03/20230331010/20230331010-2.pdf。

西尾チヅル・高山美和（2024）「サーキュラーエコノミーと消費者コミュニケーション」『生活協同組合研究』577，pp.25-33。

西岡健一・南知惠子（2017）『「製造業のサービス化」戦略』中央経済社。

山本晶（2021）「一時所有行動に関する概念的検討」『マーケティングジャーナル』41（2），pp.7-18。

Bardhi, F. and G.M. Eckhardt（2017）Liquid Consumption, *Journal of Consumer Research*, 44（3），pp.582-597.

第2章
サステナブル経営における
価値創造

　本章では企業のSDGsへの取り組みを検討する。株主資本主義のもとで社会問題が拡大する現在，企業は本来の存在意義を再確認し，短期収益に偏ったKPIから脱却する必要がある。ここでは，サービスの価値共創研究より，機能・知識・感情価値の指標を提案する。これらの価値の多くは企業収益に貢献するが，知識価値や感情価値の収益への変換には時間がかかること，また一定割合は変換されずにそのまま残ることを研究事例とともに説明する。

第Ⅰ部
マーケティング・市場対応

1. ► 日本的SDGsの問題

　SDGsが日本の産業界で喧伝されるようになってすでに10年近くが経つ。地球環境破壊や格差の拡大など社会問題が深刻化するスピードを考えると，日本企業のSDGsの取り組みは緩慢である。なぜ企業は変われないのか？

　2021年，フランス食品大手ダノン（Danone S.A.）では，積極的に2014年からESG経営を進めてきたエマニュエル・ファベール最高経営責任者（CEO）が業績不振を理由に解任された。2020年には定款変更を行い，社会的使命を果たす会社としての目標を織り込んだが，コロナ禍の影響もあり同年の株価は27％低下，少数株主である新興ファンドのフルーベルがCEOの責任だとして交代を要求し，多くの株主がこれに賛同したのである。環境問題への意識が高く，広く取り組まれている欧州でも，短期収益とESGの両立は難しく，株主からの圧力は大きい。

　翻って，日本はどうかといえば，そもそもSDGsやESGの趣旨が正しく認識されているのかどうかに疑義がある。日本ではSDGsやESGの議論はCO_2削減に関心が集中している。SDGs＝地球環境配慮＝温暖化抑制＝CO_2排出量削減という思考なのか。または，気候関連財務情報開示タスクフォース（TCFD）開示義務のために，やむをえず最低限の対応をするという姿勢なのか。いずれにせよ，同調圧力の強い日本社会の特徴が見え隠れする。同業他社，同規模など，他の日本企業が作成したホームページや統合報告書を真似て，皆似たようなものにすることが最も安全だし，テンプレートを使用して作成のサポートをするコンサルティングファームも多数出現している。企業側も，突出した方針を出して，要らぬ注目を集めても，その後短期業績が振るわなければダノンのようにESGに力を入れ過ぎたためと責任を追及されかねない，という思惑もあるようだ。

　本章では，サービス研究における価値共創の考え方を参照し，企業が変革を進めるために必要なKPIについて検討する。

46

第2章
サステナブル経営における 価値創造

2. ▶ 変わる経済構造

(1) SDGsと短期収益

　市場経済下における行き過ぎた短期収益の追求は，さまざまな社会課題を引き起こしている。SDGsで挙げられている目標はこれらの是正につながるものだ。

　統合報告書作成企業のほとんどはCO_2排出量（SDGsの目標13）を取り上げているが，それ以外の貧困や飢餓，陸や海の生物多様性などにはほとんど言及していない。欧米と比較したときの日本のサステナビリティに対する意識の偏りは国際協力銀行の報告をみれば明らかである。この報告では，日本・米国・欧州の企業のHPや統合報告書などの開示データ，新聞記事などのデータをテキスト分析し，サステナビリティに関連する言及がある企業割合の比較を行っている（**図表2−1**）。温室効果ガス（Greenhouse Gas：GHG）排出のみ（撹乱もわずかにプラス）が米国よりも高いが，それとて欧州よりは低い。土壌と堆積物，淡水生態系の利用・管理，GHG以外の大気汚染に関しては，欧米どちらよりも低く，特に欧州との差が大きい。

　同じ報告の中で，人権に関する企業の言及について日本と欧米を比較したものが**図表2−2**である。ある程度欧米より多く言及されているものは過剰・不当な労働時間のみである。驚くべきことに，労働力不足が深刻化する日本で大きな課題となっているジェンダー平等問題（目標5）が欧米比で最も取り上げられていない。少子高齢化の進む中，人手不足のために企業は事業機会を失っており，労働力の確保のためには職場での女性の待遇改善が必須になっている。にもかかわらず，欧州比ではマイナス58％である。その他，テクノロジー・AIに関する個人情報・人権問題，ハラスメント，賄賂・腐敗など，いずれも欧米より言及されていない。

　因みに欧米大企業はサステナブル経営と呼ぶが，SDGsを標榜することは

第Ⅰ部
マーケティング・市場対応

図表2-1　日本企業と欧米企業の自然資源に関する言及割合の差（2023年）

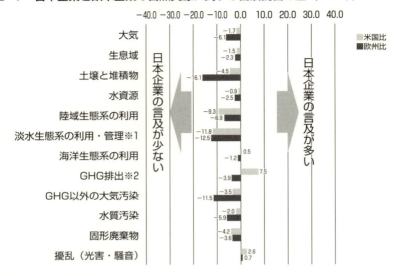

出所：（株）国際協力銀行（2023）をもとに筆者修正

あまりない。日本の大企業は，経済産業省や経団連の旗振りのもと，株主総会など公式の場所で経営陣がSDGsバッジをつけてアピールするなど，注力している姿勢をみせている。その一方で，このような奇妙なサステナブル経営の矮小化，単純化が生じている。

この背景には，単なるSDGsへの理解不足もあるであろうが，長年の短期収益至上主義，株主資本主義があると考えられる。2023年から気候関連の取り組みの開示義務が有価証券報告書発行企業すべてに適用され，CO_2排出量枠を超えれば排出権の購入（日本では2023年10月にJPX：日本取引所グループによってカーボンクレジット市場がスタートした（日本取引所グループ2023）。）が必要になる。すなわち，直接的にコストに影響する。

社会の一員として誰もがサステナブルな社会に対する責任を負っており，当然ながら企業もその例外ではない。半世紀以上前，フリードマンは株主資本主義を主張し，「株主価値の最大化がビジネスの唯一の責任だ」といったが，

48

第2章
サステナブル経営における 価値創造

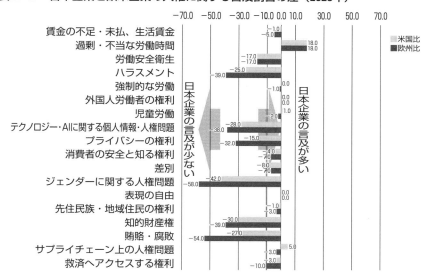

図表2-2　日本企業と欧米企業の人権に関する言及割合の差（2023年）

出所：（株）国際協力銀行（2023）をもとに筆者修正

近年では，環境や社会が崩壊しては，ビジネスも存在しえないことに多くの人が気づいている。言い換えれば，それぞれの企業が自社の存在意義を再確認し，それに基づく長期視点の経営を行うことが求められているのである。一方で，「株価対策としてのSDGs」，自社のブランディングになり株価が上がるからSDGsに取り組む，という本末転倒な議論がいまだに巷を跋扈する。もちろん，経営者には株主・従業員・顧客などステークホルダーに対する責任がある。企業は事業目的を達成するために存続しなくてはならず，存続のための収益確保は必要だ。だが，収益は事業目的達成の途中過程で測定する指標の1つに過ぎず，それ自体が企業の目的ではないはずである。

(2) 新たなKPIの必要性

　この数十年の間，多くの企業で，この目的とその達成度を測る指標の逆転現象が起こってきた。株主資本主義のもと，短期収益を最大化することが企

第Ⅰ部
マーケティング・市場対応

業の唯一無二の目的であるかのように考えられるようになり，企業理念や社是が他企業に置き換えてもわからないくらい形骸化され，従業員どころか役員でさえ思い出せない。そして，大量生産大量消費からの環境問題が深刻化し，個人間・地域間の格差が拡大し，社会不安の増大につながっている。

　短期収益優先の株主資本主義を推進してきた大きな力の1つは間違いなく大株主である機関投資家の存在である。しかしながら，ブラックロックをはじめとする機関投資家自らがすでにその投資方針を見直している。2022年にブラックロックから投資先企業へ送られた書簡では，サステナブル経営の視点が強調されている。統合報告書の開示義務はその流れに沿うものである。PL/BSでその期の事業成果が財務的に明らかにされると同時に，財務以外の企業目標の進捗に関しては統合報告書で開示するという考え方である。あるべきサステナブル経営のためには，目的の明確化とそれに合致するKPIの設定が必要である。統合報告書は後述の章で取り上げるように，その内容の整備が進みつつある。しかしながら，短期収益から中長期収益へと目標が移行しただけで，依然として収益が最終目的と考えている点では，目的と手段の逆転は変わっていない。われわれはこの固定観念から抜け出さなければならない。ステークホルダーへの説明が短期収益の増加に資する部分を強調する，もしくは，義務なので仕方なしに金太郎飴的な内容に留めるような状態になっている現状を顧みるに，短期収益に収斂しない新指標が必要なのではないか。

3. ► サステナブル経営とサービス経済の関係

(1) サービス化する経済

　それでは，あるべき指標とはどのようなものであろうか？　新指標を考えるとき，重要になるのが，人々の価値観の変化である。近年の経済社会の成熟化に伴い，人々の求める価値は物質面から精神面に移行している（内閣府2019）。地球環境の悪化や，格差の引き起こす社会問題に直面する今，人々

が重視するのは，物財へのニーズを満たすことを目的とした企業中心の経済的繁栄ではなく，個人の生活の精神的充実である。

　ここで注目すべきはサービスにおける価値共創の考え方だ。2000年代半ばから物的自然資源から，無形の知識やスキルといった資源の重要性が説かれるようになるのと同時に，サービス化経済ということが盛んに言及されるようになった。無形の知識やスキルの源泉は人間の活動やそれに紐づいたデータであろう。サービス・ドミナント・ロジック（Vargo and Lusch 2004a; 2004b）の登場以降，サービスは，複数のアクターによる知識やスキルといった新資源の提供とその統合により共創価値を創り出すプロセスと捉えられている。それまでのサービスは有形財に対する無形財，第二次産業に対する第三次産業という二元論で捉えられ，企業が価値を埋め込んだ財を市場で顧客の金銭と交換することが経済の基本的な仕組みと捉えられてきた。そのため，経済学では，この市場メカニズムを通さない取引は例外事象として非市場経済と呼ばれてきた。しかし，人は生活の質を上げるための1つの方法として市場で財を購入するのであって，市場を繁栄させるために生活しているのではない。市場という経済的な時空間で行われる取引は，サービス提供者（売り手）と受容者（買い手）の共創プロセスの一部，ある提案の価値が他者に受け入れられた段階でしかない。サービスの共創プロセスとその価値が具現化される主要な場は，人々が日々の生活を営む時空間である。まさに，「人はドリルが欲しいのではない，ドリルであけた穴が欲しいのだ」（Levitt 1969）。

　経済のサービス化は一般的にはGDPや労働人口の第三次産業への集中現象を指すことが多い。確かに世界的にみても第一次産業から第二次産業への移行期間に比べ，第三次産業への移行は急激なスピードで生じている。特に新興国では，先進国の生産技術の導入により少人数で工場が回るため，第二次産業をスキップする勢いで，第一次産業から直接三次産業へと労働力が移動している（The World Bank 2024）。しかしながら，サービス研究におけるサービス化の意味するところは，そういった表面的なセクターの議論を超

第Ⅰ部
マーケティング・市場対応

えた本質的な構造変化なのである。

　生活を営む時空間に活動の中心が移行するということは，誰もが売り手にも買い手にもなりうることでもある。そのため，S-Dロジックでは，企業や消費者という表現を使わず，一律にアクターと呼ぶ（Vargo and Lusch 2011）。実際に，中古品や家事サービスなどのCtoC（個人間）取引や，ホテルやタクシーに代わるビジネスを含むシェアリング・エコノミーの台頭，ソーシャル・ネットワークを通じたファンドレイジングなど，多数のアクターが価値創造に関与する新たなビジネスモデルは枚挙にいとまがない。注目すべきは，顧客が提供する資源には物財もあるが，より重要な資源は知識やスキルなどの無形の財だということだ。なぜなら顧客の共創価値への参加のありようは，それぞれの顧客の所属するコミュニティや，その時その場の置かれた状況や，個人の選好に依存して，変容するからである。安定的な自然資源ではなく，状況次第で変化する不安定な資源の提供と統合こそが，共創価値が文脈価値であるといわれる所以である。文脈価値の形成には個々のアクターがどのようなニーズをもち，どのような資源を提供可能で，それを誰のどのような資源と統合すればよいかという，知識やスキルが重要なのである。これは，短期利益を追求する株主資本主義から，長期視点で人々が幸せに暮らせる社会を目指すステークホルダー資本主義への転換でもある。

(2) サービス価値共創

　現在，サービス研究におけるサービスとは，企業のみでなく顧客やステークホルダーも有形無形の資源を提供し，それらを統合して価値をつくるプロセスと考える。すなわち，経済のサービス化とは，根本的な経済構造の捉え方が変わること，市場から生活世界へと主な舞台が変わることを意味している。これに伴って，経済活動も企業と顧客と従業員が限られた価値を分配するゼロサムゲームから，価値を共創的に創造するプラスサムゲームへと移行する。

　古いサービス研究では，サービスが提供される場のことをサービス・エン

カウンターと呼び，従業員と顧客が接する接点のみを対象としていた。現在は共創の場は「サービス・エコシステム」と呼ばれ，価値の創造と循環の全体構造で捉えるようになった。行政・株主・企業・従業員・顧客・取引先企業・地域住民などの多様なアクターが関与するこのシステムがうまく機能しなければ，アクターたちは共創の恩恵を適切に受けられない。企業も消費者もサービス・エコシステムという系の中でアクターとして行動する。そこで重要になるのが法律や業界ルールなどの制度（**図表2-3**中のプラットフォーム企業などの具体例はあくまで理解を助けるための一例として挙げている。）である。マクロレベル，メゾレベル，ミクロレベルと3層で表現されるこのネットワーク構造は，各層の中や層を跨いだ複雑な関係性で成立するが，それを自律的に調整するのが制度である。マクロレベルでは国際法や国際標準，メゾレベルでは業界内ルールや慣習，ミクロレベルでは帰属集団のもつ倫理観などがエコシステムのメンバーによって形成され，守られる。国や産業セ

図表2-3 サービス・エコシステムのイメージ図

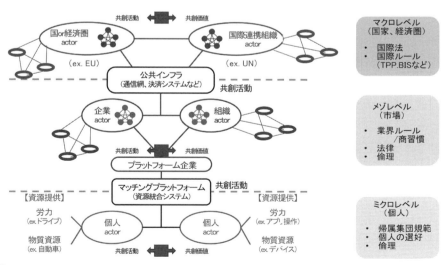

出所：Akaka et al.（2013）をもとに筆者修正

第Ⅰ部

マーケティング・市場対応

クター，地域社会などの歴史や文化によってこれらは異なる。例えば，日本企業は内部留保を溜め込むばかりで新たなビジネスへの投資が行われていないという指摘があるが，これは現在の日本の経営者の多くがバブル経済崩壊を経験したことと無関係ではないだろう。先述した環境配慮や人権についても，日本経済界全体の認識レベルに合わせてCO_2排出量に集中しようということになるのは，帰属集団の標準という制度に合わせようという意図が働いていると考えられる。

　共創価値の創造には多様なステークホルダーが関わり，多様な資源が統合される。以下に，輸送サービスに新形態をもたらしたUber（https://www.uber.com）を例にサービス・エコシステムを説明してみよう。個人のドライバーが自動車という有形財と運転という無形財を提供する。乗客側はアプリを自分のスマートフォンにインストールして，決済方法や行き先の入力などの作業を行い，両者は事後に相手の評価をする。企業は両者のマッチングのための仕組みをつくり，誰でも使えるインターフェイスをもったアプリとして提供する。素人のドライバーが道を間違えないようにナビを提供したり，ドライバーと乗客間のトラブルを避けるために相互評価を取り入れたりしている。メゾレベルでは，既存タクシー業界や，行政との調整が行われる。世界展開しているUberであるが，この調整のため，国によってはタクシー免許をもったドライバーしかUberのドライバーになれなかったり，料金設定がタクシーよりも高かったりする場合もある。日本では，「第二種運転免許をもっていること」，「一般乗用旅客自動車運送事業許可証あるいは事業者乗務証をもっていること」が条件である。運転手側からすれば客待ちで流す時間の節約になったり，到着時に現金を扱わないで済んだりというメリットがある。乗客側も同様に，ルートや料金のトラブルを避けられる。Uberはタクシー会社のように車両を購入したり，運転手を自社で雇用したりする必要はなく，固定費の少ない事業ができる。社会的には，大量の金属や電子機器を使って生産された資源である乗用車が駐車場に停めたまま活用されないという資源の無駄を減らせることになる。一方，このサービスが成立するには，

道路・決済・通信などのインフラが一定のレベルを保っており，ドライバー・利用者のアプリ利用のリテラシーがあることが条件になる。また，既存の道路交通法などの法令との乖離を解消したり，既存タクシー業界と条件を交渉したりする必要がある。

4.　▶ 共創価値の測定

(1) 変わる価値観

　前節でも触れたが，人々の求める価値の変化がサービス化経済の根底にある。日本では国民の62％がモノの豊かさより心の豊かさを求めている（内閣府 2019）。ここで，人間にとっての価値を再度考察してみたい。2000年代にはデータを金鉱に例えるデータマイニングが流行し，2010年代にはビッグデータこそが石油に変わるこれからの資源だとされるようになった。これらは，石油や鉱物などの自然資源を投入して人工物を製造することが中心の時代から，データの中から取り出せる感情や知識に価値の中心が移行してきたことを意味する。いわば，有形財の価値から無形財の価値への移行である。一方で，データとその加工によって溢れる情報は人間の処理量を超えており，限られた時間の中でいかに人の注意を惹くかの競争が起こっている。21世紀の人類のもつ最大の資源は時間と注意だとアテンション・エコノミーに警鐘を鳴らすゴールドハーバー（Goldhaber 1997）はいう。巨大なプラットフォーマーにデータという資源が集中する中，人々の認知バイアスに付け込んだ言論誘導，商品・サービス販売，犯罪などが実際に起きている。

　社会学・経済学分野においても，市場で取引されたものの付加価値を国レベルで集計したGDPは真の豊かさとは乖離しているという指摘や，物質的な生活水準に加えて，心理面の幸福や，社会的つながり，健康，文化，教育などを加味したマクロレベルでの新指標の提案が相次いでいる。ブータンの国民総幸福量（Gross National Happiness：GNH）（Alkire et al. 2008），国

第Ⅰ部
マーケティング・市場対応

連開発計画の人間開発指標（Human Development Index：HDI）（UNDP 2024），OECDのより良い暮らし指標（Better Life Index：BLI）（OECD 2011）などはその例である。

(2) 機能・感情・知識価値とは

　S-Dロジックのサービス・エコシステムにおいては，誰もがアクターなのであるが，企業視点で考えたとき，一般的に主要なアクターは顧客・従業員・企業であろう。Toya（2015）はサービスを共創するステークホルダー間の関係性をサービス・トライアングル（Zeithaml et al. 2010）で示し，それぞれの間で共創される価値を機能価値，知識価値，感情価値（FV，KV，EV）に3分類する尺度開発を行っている（**図表2-4**）。また，サービス・トライアングルでは企業・顧客・従業員の3者のみが，ともに価値を共創する主体者とされていたが，現在ではその他のステークホルダーも加わる（**図表2-4**では「社会」と総称している）。従業員は顧客との関係性，企業との関係性，社会との関係性それぞれから影響を受け，また，影響を与える。顧客との知的共創を求める従業員と，情動的な共創を求める従業員では，おのずと共創活動のあり方は変わってくる。顧客も然りである。

　マーケティングでは古くから，機能価値と情緒価値の分類がなされてきた。サービスにおける共創価値研究以前には，マーケティング分野では，消費者が消費から得られる知覚価値の研究が行われてきた。Barbin et al.（1994）は消費を，快楽的消費（hedonic consumption）・機能的消費（utilitarian consumption）の2つに分類し，Mattsson（1991）では，機能的消費をさらに実用的（practical）と合理的（logical）に分け，3分類とする。基本的には快楽的消費から快楽的価値（hedonic value）が得られ，機能的・合理的目的を達するための手段である機能的消費から得られる価値は機能的価値（utilitarian value）である（Barbin et al. 1994）。このような従業員にとっての価値は顧客のみでなく，企業との関係性からも生まれる。

　知識価値（KV）は情報をベースとする知識的な価値であり，従業員は研

図表2-4 FKEバリューモデル

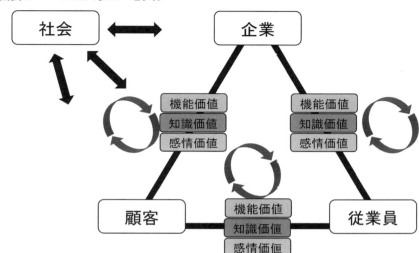

出所：Toya (2015) をもとに筆者修正

修やOJTなどで企業と，また顧客と接することで顧客とこの価値を共創する。KVが蓄積することで，顧客はより自身の状況に適合したサービスを得られ，従業員は業務がよりスムーズに遂行可能になり，企業は，クロスセル・アップセルが可能になったり，新たなサービス開発につながったりする。以前より，教育や医療における顧客参加では知識価値の重要性は知られていた。現在では，さまざまなソースから得られるデジタルな情報，いわゆるビッグデータが知識価値の源泉として注目されている。

感情価値（EV）は経験をベースとする感情的な価値であり，サービスの発生するエンカウンターでは，提供者と被提供者との間の接触を通して，嬉しい，楽しい，気持ちが高揚するといった情動的な価値を得るだけでなく，企業との関係において，信頼や誇りといったより長期的な感情価値を得ると考えられる。EVはサービス生産への参加者の充実感や満足度を高め，生活の質や生産性向上に貢献することができる。

(3) 共創価値と企業利益の時間的関係

　ある期に生まれた共創価値は時間を経て，経済的価値（企業にとっては企業収益）に変換される。t期にメスシリンダーいっぱいの3つの価値が生まれたと仮定しよう（図表2-5）。それらは，短期の投資家が期待するように，すべてがt期もしくはt+1期という短期で企業収益に変換されるわけではない（図表2-6）。機能価値は市場取引時に明示されるものが多く，製品やサービスの価格と紐づけられているため，短期で企業収益化しやすい。一方，知識価値や感情価値は一定の蓄積期間に加えて企業収益への転換にノウハウ

図表2-5　t期に生まれる共創価値の収益化イメージ

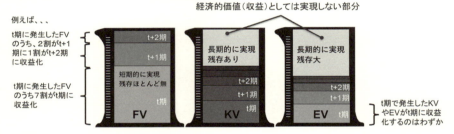

出所：Toya（2015）をもとに筆者修正

図表2-6　t期の価値の企業収益への長期的変換

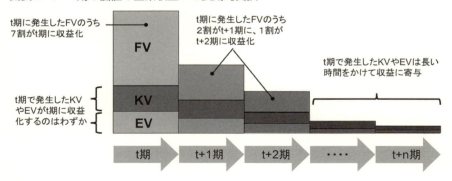

出所：Toya（2015）をもとに筆者修正

が必要なため，時間がかかる。そのうえ，**図表2-5**の各価値のグレーの部分が示すように，すべてが企業収益とはならず，長期的にも知識・感情価値のまま残る部分が存在すると考えられる。知識価値は蓄積したデータが増えるほど（闇雲に貯めるのではなく，適切な蓄積が条件であるが。）より分析結果が高度になり，取り出せる知識が増加する。**図表2-7**のように毎期価値は累積して増大していく。一方，感情価値も同様に蓄積によって増加するが，担当者のコミュニケーションミスや，企業の不祥事の発覚などで積み上げてきた価値が一気になくなることもありうる。そのため，企業は継続的にこれらの価値を測定し，検証していく必要がある。

図表2-8のグラフは，日本の製造業への調査から，サービス化のレベル別に共創価値の生成状況をみたものである。分析は，企業をサービス化レベルで分類し，企業・顧客・従業員の3者間の機能・知識・感情の3つの共創価値について分析した結果[1]である。サービス化のレベルは1から4段階に

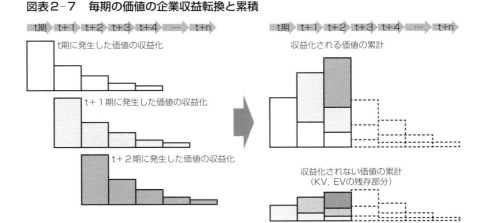

図表2-7　毎期の価値の企業収益転換と累積

出所：筆者作成

1) 2016年から継続しているこの調査では，毎年22,300社の日本の製造企業の経営者もしくはそれに準じる地位の役員に対して郵便で調査協力を依頼し，ウェブで回答を得ている。グラフは2023年のもので，約2,000社からの回答結果を示している。サービス化の段階が上がるほどサービス化が進んでいることを意味する。

第Ⅰ部
マーケティング・市場対応

図表2-8　製造業サービス化段階別の共創価値

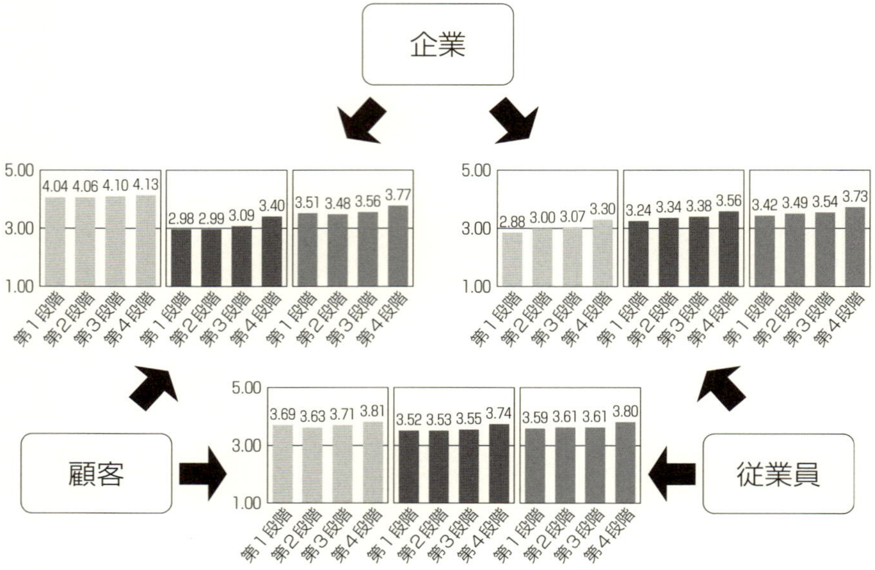

企業

[5.00] 4.04 4.06 4.10 4.13｜2.98 2.99 3.09 3.40｜3.51 3.48 3.56 3.77 [1.00]
第1段階 第2段階 第3段階 第4段階　第1段階 第2段階 第3段階 第4段階　第1段階 第2段階 第3段階 第4段階

[5.00] 2.88 3.00 3.07 3.30｜3.24 3.34 3.38 3.56｜3.42 3.49 3.54 3.73 [1.00]
第1段階 第2段階 第3段階 第4段階　第1段階 第2段階 第3段階 第4段階　第1段階 第2段階 第3段階 第4段階

顧客

[5.00] 3.69 3.63 3.71 3.81｜3.52 3.53 3.55 3.74｜3.59 3.61 3.61 3.80 [1.00]
第1段階 第2段階 第3段階 第4段階　第1段階 第2段階 第3段階 第4段階　第1段階 第2段階 第3段階 第4段階

従業員

出所：筆者作成

分かれ（**図表2-9**），3つの共創価値については，複数の質問項目の合成変数を採用している。サービス化の第1段階はモノや財の販売を目的とする配送や設置などのサービスである。第2段階は，収益増加を目的に顧客との長期的な関係を維持することを目的とするサービスで，機械の予防保全や修理などがここに含まれる。第2段階までは，あくまで提供企業が自社の利益を確保するためのサービスであるが，第3段階で，視座が変わり，顧客にとっての価値向上のためのサービスとなる。顧客の業務や生活の質を向上させるためのコンサルティングなどが含まれる。第4段階は単なる向上ではなく，顧客の業務や生活に新たなイノベーションを起こすサービスを指す。本来のサービス化は第3段階以上のものであるが，一般には第1，第2段階もサービス化と呼ばれている（調査の詳細についてはB2Bのサービス化戦略（コワルコウスキーほか 2020）を参照）。

60

第2章
サステナブル経営における 価値創造

図表2-9　サービス化段階

サービス化段階	目的	サービス内容（設問）	具体例
第1段階	製品販売につなげる	製品を機能させるサービス	設置，セットアップ，ヘルプデスク，修理，点検　など
		顧客ごとに製品機能を合わせるサービス	技術コンサルティング，製品カスタマイズ　など
		顧客ごとに最適な製品利用方法を提案するサービス	利用状況の記録・フィードバック，使い方の改善　など
第2段階	企業が顧客との長期関係を維持する	製品機能を長期間維持し続けるサービス	フルメンテナンス，予防保全など
第3段階	顧客にとっての価値向上	顧客の生活や業務の質を向上させるサービス	業務コンサルティング　など
第4段階	イノベーション創出	顧客の新たなビジネスを生み出すサービス	経営コンサルティング，プラットフォーム提供，シェアリング　など

出所：筆者作成

　図表2-8からは，サービス化段階が上がるほど，共創価値が増加していることがわかる。より高度なサービス化，すなわち，より高度な価値共創プロセスに進むほど，3つの共創価値どれもが増加する。特に第3段階から第4段階の差は，第1段階から第3段階に至る各段階の差よりも，より増加率が大きくなっている（図表2-8）。第4段階の企業群では，顧客のビジネスや顧客のライフスタイルにイノベーションをもたらすようなサービスを提供している。サービスによって顧客の世界にイノベーションが起こることが，本来のサービス化であり，そのとき初めて共創価値が大きく増加することがここからもみてとれる。

5.　▶ 共創価値がKPIとなる社会へ

　以上，本章では企業のSDGsへの取り組みを検討した。株主資本主義のもとで社会問題が拡大する現在，企業は本来の存在意義を再確認し，短期収益至上から新たな指標へと移行することが必要である。現在，新たな指標をつくる動きはあるが，最終的に金銭的価値に換算しようとするため，根本的な

61

変革につながらない。新たな指標の設定には人々の価値観の変化，物質的な充足から精神的な充足への変化を考慮する必要がある。このとき，サービス研究の価値共創の知見が役立つ。サービスはステークホルダーによる共創プロセスであり，サービス・エコシステムが適切に機能すれば，システム全体の価値が拡大し，構成員すべてがその恩恵を得られるからである。サービス・エコシステムにおける価値指標は，経済的価値のみでは不十分であり，機能・知識・感情価値のバランスのとれた共創が重要になる。また，これらの価値の多くは企業収益に貢献するが，知識価値や感情価値の企業収益への変換には時間がかかること，また一定割合は金銭に変換されずにそのまま残ることが理解されなければならない。

参考文献

株式会社国際協力銀行（2023）「わが国製造業企業の海外事業展開に関する調査報告：2023年度海外直接投資アンケート結果（第35回）」，https://www.jbic.go.jp/ja/information/press/press-2023/image/000005619.pdf。

C. コワルコウスキー・W. ウラガ・戸谷圭子・持丸正明（2020）『B2Bのサービス化戦略――製造業のチャレンジ』東洋経済新報社。

内閣府（2019）「国民生活に関する世論調査（令和元年6月調査）」，https://survey.gov-online.go.jp/r01/r01-life/。

日本取引所グループ（2023）「カーボン・クレジット市場の開設と売買開始について」，https://www.jpx.co.jp/corporate/news/news-releases/0060/20231011-01.html（2024年6月8日閲覧）。

Akaka, M.A., S.L. Vargo, and R.F. Lusch (2013) The Complexity of Context: A Service Eco-systems Approach for International Marketing, *Journal of International Marketing*, 21 (4), pp.1-20.

Alkire, S., M. Santos, and K. Ura (2008) Gross National Happiness and Poverty in Bhutan: Applying the GNH Index Methodology to Explore Poverty, *OPHI Research in Progress Series 2008*, pp.1-19.

Babin, B.J., W.R. Darden, and M. Griffin (1994) Work and/or Fun: Measuring Hedonic and Utilitarian Shopping Value, *Journal of Consumer Research*, 20(4), pp.644-656.

Goldhaber, M.H. (1997) The Attention Economy and the Net, *First Monday*, 2(4-7), https://firstmonday.org/ojs/index.php/fm/article/download/519/440.

Levitt, T. (1969) *The Marketing Mode*, New York: McGraw-Hill.

Mattsson, J. (1991) *Better Business by the ABC of Values,* Chartwell Learning & Development Limited.

OECD (2011) *How's Life?: Measuring Well-being,* OECD Publishing.（徳永優子・来田誠一郎・西村美由起・矢倉美登里訳『OECD幸福度白書　より良い暮らし指標：生活向上と社会進歩の国際比較』明石書店，2012年）

Toya, K. (2015) A Model for Measuring Service Co-created Value, *MBS Review,* 11, pp.29-38.

UNDP (2024) *Human Development Report 2023-24: Breaking the Gridlock: Reimagining Cooperation in a Polarized World,* New York.

Vargo, S.L., and R.F. Lusch (2004a) Evolving to a New Dominant Logic for Marketing, *Journal of Marketing,* 68(1), pp.1-17.

Vargo, S.L., and R.F. Lusch (2004b) The Four Service Marketing Myths: Remnants of a Goods-based, Manufacturing Model, *Journal of Service Research,* 6(4), pp.324-335.

Vargo, S.L., and R.F. Lusch (2011) It's All B2B… and Beyond: Toward a Systems Perspective of the Market, *Industrial Marketing Management,* 40(2), pp.181-187.

The World Bank (2024) Employment by Sector（%）in Gender Data Portal, https://genderdata.worldbank.org/en/home#（2024年6月8日閲覧）.

Zeithaml, V.A., M.J. Bitner, and D.D. Gremler (2010) Services Marketing Strategy, *Wiley International Encyclopedia of Marketing,* https://doi.org/10.1002/9781444316568.wiem01055.

第Ⅰ部
マーケティング・市場対応

| コラム2 | ヤマハ発動機シースタイルの
サービス・エコシステム |

　サービスビジネスの成否は，多数のアクター間の価値共創，言い換えれば資源提供と統合，便益の分配が必要である。そのためにはサービス・エコシステムおよびそれを維持する適切な制度[1]（インスティテュート）が機能していなくてはならない。

　ヤマハ発動機（以下，ヤマハ）のレンタルボートサービス，YAMAHA Marine Club Sea-Style（以下，シースタイル）はアクターの便益を最大化する仕組みを構築している。シースタイルは，国内140と海外2つの提携マリーナで，会員がボートをレンタルできるボート免許取得者の会員制のクラブである。2000年代初頭，ヤマハではバブル期の好調を受けて巨額の投資をした低価格のプレジャーボートSR-Xの新製造ラインが完成していた。しかし，これまで富裕層や企業の福利厚生の購入に支えられていたプレジャーボート市場をバブル崩壊が直撃した。加えて既存顧客の高齢化で免許保有者も減少を続けていた。シースタイルがスタートした2005年は，プレジャーボート市場の存続さえ危ぶまれる状況であった。

　シースタイルの基本的な仕組みは，ヤマハが提携マリーナに船を販売し，それをクラブ艇としてマリーナが会員制のボートレンタル事業を行うというものである。会員は年会費税込39,600円（別途入会金22,000円）と，レンタルするごとの料金とガソリン代実費を支払う。レンタル料金は，ボートの種類とハイシーズンかローシーズンか，半日か1日かによって5,280円から327,910円である。会費徴収・予約管理Webサイトなどの会員管理はヤマハが行い，レンタル当日の事務手続きや，独自のイベントなどは各マリーナが提供する。会員数は2016年で19,000人，2023年には約30,000人に増加している。最近では，免許をもたない人のためのキャプテン付きレンタルや，1億円の豪華クルーザーレンタルなど，オプションメニューを充実させつつある。

　サービス・エコシステムに準じて，シースタイルの各アクター（ヤマハ，提携マリーナ，利用者）の役割と相互関係，得られる便益を示す。

---

1) サービス研究では，Service Ecosystemを司る制度をInstitute（Vargo et al. 2017）と呼ぶ。

コラム2

ヤマハ発動機シースタイルのサービス・エコシステム

　業界リーダーのヤマハにとって，縮小するプレジャーボート市場の復活，新工場で生産するSR-Xの販売先確保は大きな意味があった。ヤマハの役割は，シースタイルの会員募集と管理，シースタイルWebサイトの運営およびマリーナへの営業活動である。シースタイルのWebサイトは，提携マリーナやレンタルできる船舶の検索，予約および会員本人の登録情報の閲覧や修正などを行うことができる。またこのWebサイトを通じて提携マリーナは，会員の出航履歴なども把握することができる。ヤマハは，会員の入会費と年会費に加え，提携マリーナのレンタル収益のうち，一定割合（燃料代を除いた12％。ただし12％のうち7％はその会員が入会した提携マリーナにペイバックされる。）をロイヤリティ収入として受け取る。

　提携マリーナは，それまで富裕層のプレジャーボートオーナーに対して係留場所を貸すだけの，いわば地主の駐車場ビジネスを行っていた。オーナーは船の操縦にも慣れているし，地元の海域のルールも承知していた。しかしながら，シースタイルではマリーナの役割は一転する。免許・会員証の確認，事故の起こりやすい場所の説明，離岸・着岸のサポート，料金の決済，船の清掃などを行う。マリーナと地元の漁業関係者や観光船の運営業者との間には，事前の取り決めがあり，立ち入り禁止区域（定置網や養殖網を避ける）や航行の優先順位（プレジャーボートより漁業や旅客船が優先）といったルールがある。これをレンタル利用者にレクチャーするのもマリーナの仕事である。収益構造は，例えば，シースタイルで配備数が多いYFR-24の場合，標準価格が約470万，ハイシーズン土日祭日における1日の利用料が25,700円（利用料は艇ごとに決まっており，シースタイル全体で同一価格）であることから，およそ92回の利用でレンタル収益が購入額を上回る[2]ことになる。自マリーナから入会した会員が他のマリーナで船をレンタルした場合，利用料の7％のペイバックを得ることができる。ヤマハからクラブ艇を購入する際は，ヤマハから販売額のおよそ50％の補助金を得ることができる。また，各クラブ艇の使用は最大3年間で，それを過ぎた船は，マリーナが独自の事業で使用したり，中古艇として販売したりする。中古市場では，購入者にとって船の状態を把握することが難しいが，シースタイルのクラブ艇は履歴が明確でメンテナンスが適切にされていることから，事前に購入予約が入るほど人気が高い。マリーナにとっては業種の転換と

2）（標準価格4,700,000―補助金2,350,000）／利用料25,700＝91.4。ただしこの計算には船の保管や整備にかかる費用は含まれていない。

第Ⅰ部
マーケティング・市場対応

いってよいほどの変革であったが，独自メニュー開発などの努力をすればするほど収益が増え，マリンレジャーを楽しんでくれる一般顧客が増えることに楽しみを見出すことができる。

シースタイルの利用者は富裕層ではなく一般消費者である。日本ではボートの運転には小型船舶免許が必要なので，会員顧客は国家試験を受けて，2級以上の免許を取得する。2級免許は2日以上の学科講習，1日以上の実技講習ののちに試験がある。免許取得にかかる費用は10万円ほどで，講習や試験会場を提供しているマリーナもある。会員になれば，シースタイルのWebサイトで全国140箇所のマリーナで予約が可能である。当日は各マリーナで30分程の近隣海域での注意点などの講習を受け出航する。免許を取り立ての初心者は離岸・着岸時にボート本体を傷つけるリスクがある。不安がある利用者はマリーナのスタッフに補助してもらう。利用者にとっての利点は，これまでは一部の富裕層のレジャーであったボートクルーズや，ホームマリーナ以外の日本各地での釣りなど，マリンレジャーが手頃な価格で身近に楽しめるようになったことであろう。

ヤマハ，マリーナ，利用者がそれぞれ資源を提供し，価値共創を行うことでシースタイルは成立している。シースタイル以前，ヤマハのボートのディストリビューターであったマリーナ，見込み顧客でさえなかった一般消費者が，シースタイルでは価値の共創者となったといえる。ボート本体の素材はFRP（Fiber Reinforced Plastics：繊維強化プラスチック）で耐用年数は20年以上ある。エンジン交換など適切なメンテナンスを行うことで，社会全体としても船の廃棄も減らすことができる。

参考文献

ヤマハ発動機，http://www.yamahamotor.co.jp/marine/lineup/boat/multiboat/。

Vargo, S.L., M.A. Akaka, and C.M. Vaughan（2017）Conceptualizing Value: A Service-ecosystem View, *Journal of Creating Value*, 3(2), pp.117-124.

YAMAHA Marine Club Sea-Style, https://sea-style-m.yamaha-motor.co.jp/Lineup/Info/list.

第 II 部

組織・人的資源管理

第3章
企業の社会的責任から
サステナブル経営へ

　本章は，経営学の発展過程において常に中心的な論点の1つであり続けてきた，企業と社会の関係の変遷について概観する。具体的には，資本主義体制における企業の基本的原理についてまず明らかにし，そこから「企業の社会的責任」（CSR）が議論されるに至った契機と経緯について概観する。さらに，CSRから今日のサステナブル経営へ向けた動きについて現況の把握を行う。結論として，企業経営者の経済性と社会性の関係の捉え方が，相互にトレードオフとみる視点から両立可能なものへと捉える視点へと，変化しつつあることを主張する。

第Ⅱ部
組織・人的資源管理

1. ▶ 企業と社会の関係

　狭義の経営学は，学問として成立した20世紀初頭以来，企業と社会の関係に関する追究を続けてきた。私益を追求する企業体が，社会においていかなる役割を果たし，どうすれば社会的に有為な存在たりうるのかについて，紆余曲折を経つつ，さまざまな角度から考究してきたのが経営学であるといってよい。

　本章の以下では，今日のサステナブル経営における「企業と社会」の捉え方を，経済性と社会性の連関およびその変遷に着目しながら検討することとしたい。より具体的には，まず第2節で資本主義体制における企業の基本的原理について明らかにし，そこから「企業の社会的責任」（CSR）が議論されるに至った契機と経緯について概観する。続く第3節においてCSRから今日のサステナブル経営へ向けた動きについて現況の把握を行う。最後の第4節で，結論として，企業経営者による経済性と社会性の関係の捉え方が，相互に対立するトレードオフ的視点から両立可能なものへと，認識の変化がみられつつあることを主張する。

2. ▶ 企業にとって社会とは何か

(1) 経営学における社会の認識とその変遷

　20世紀初頭，学問としての経営学の出発点であるテイラー（Taylor, F. W.）による科学的管理のもとでは，社会といえば企業で働く労働者集団を指すものと捉えられた。企業は大量生産を実行するうえで大量の労働者が必要となり，彼らを命令に従わせることが何よりも重要であると考えられた。労働者は，非人間的な労働に対し抵抗を試みたものの，経営者にとって労働者集団は物理的な労働力と同義であり，もとより抵抗すべき存在としては認

識されていなかった。

　その後，メイヨー（Mayo, E.）らによる人間関係論や，それに続く行動科学的労務管理の発展に伴い，労働者集団といっても内部には多様な規範や意識をもつ下位集団が存在しており，働く個々人のレベルにまで細分化するとさらに多種多様な欲求を有する個人が存在していることが，新たな知見として徐々に明らかにされていった。したがって，そうした多様な欲求をもち，抵抗を示す危惧のある労働者をいかに従順に命令に従わせるかが企業経営者にとっては重要な社会的課題となった。

　さらに時代が進み，とりわけ第二次世界大戦以降になると，先進諸国の国民には企業の産出するモノやサービスを享受する購買力ないし消費力がつき始めていくにつれ，企業が対峙する労働者集団としての組織内的な社会に加え，組織外の消費者ないし顧客が企業にとって重要な利害関係者とみなされるようになった。消費者にとって不都合な製品，例えばすぐに壊れる欠陥品や機能に見合わない高価格の製品が産出されると，消費者は反発する。企業経営者としては消費者に対するこうした副作用を軽減する必要に迫られ，いわゆる「企業の社会的責任」に関する考え方の萌芽が編み出されることとなった（渡辺 2021, vii-viii）。

　こうして，企業経営は，組織内の労働者集団に加え，広く組織外の消費者集団に対しても対峙する必要性が高まっていくこととなった。いわば，企業経営が対峙すべき「社会」のコンテンツが，徐々に組織内から組織外へと拡大していったプロセスとして捉えることができる。企業経営にとっては，組織内における社会の問題も解決したわけではなく，そこへさらに組織外部まで射程に含めた経営を志向しなくてはならなくなり，経営者が考慮すべき社会の対象と射程が格段に広がったのである。

(2) 経営者による社会認識の拡張

　他方，企業にとって，労働者や消費者に加え，さらに別視角から利害認識の対象を拡大させる契機となったのが，バーリ（Berle, A. A.）とミーンズ

（Means, G. C.）による1932年の研究である。彼らは，企業を所有し経営に携わってきた資産家がもはやその管理運営からは実質的に退いており，所有に基づかない経営が多数になっている事実を明らかにした。

　一般に，資本主義においては，資本の所有者である株主や投資家の意向に従って経営されるのが大原則である。資本主義社会が形成され始めた当初は，資産をもっている所有者がそれを利己心に基づいて活用し，自己の資産を増大させるとともに，そのことが同時に社会全体の資産をも増やすことにつながると捉えられていた。バーリとミーンズの研究は，企業経営の文脈においては，所有者が所有物を自由に運用することを可とする資本主義の大原則が崩れつつある事態が，すでに1920年代において始まっていることを具体的なデータとともに示したのである。

　こうして，経営者に対峙する株主という視点が形成されるに至り，労働者や消費者に加え，これまでは経営者と同一次元で一体的に捉えられていた株主もが企業にとっての重要な利害関係者と認知されるようになった。いわば，人員を雇う雇用関係や商品を販売する顧客関係に加え，資金提供に係る財務面の関係もまた利害関係者と認知されるに至り，企業経営者が考慮すべき「社会」として，先述の労働者や消費者のみならず，資金を拠出している株主や投資家が重要な存在として大きくクローズアップされることとなったのである[1]。

(3) 経営者と株主の関係

　このバーリ＝ミーンズの研究が嚆矢となり，いわゆる「所有と経営の分離」を前提とした近代的な企業経営のあり方が問われるようになった。

　本来，資本主義体制のもとでは，所有している者が所有物に対して自由な意思決定を行うのが大原則であるので，所有と経営が分離している近代企業

---

[1]　もっとも，企業経営にとって労働者と消費者が先に対処すべき対象として認知され，その後に株主が利害関係者として浮上したというわけではなく，ある程度は時代をむしろ共有しながら同時並行的に認知されていった点には留意する必要がある。本節では，あくまで説明の便宜上，こうした時系列に沿った順序で記述しているに過ぎない。

であっても，経営者は所有者である株主の意向を汲んだ経営を行わざるをえないはずである。

　しかし，株式が市場で一般に公開され，誰でも購入できるようになると，多くの人々のそれぞれが少額の株式を所有し，そのことを通じ巨額の資金が企業に集まるようになる。一般市民は，株価の変動で少額の資金でも巨額の富を手に入れることも可能になることから，投機的な目的から株式を購入する市民が多くなっていった。

　投機目的で株式を購入する市民は，市場取引を通じて金儲けすることが目的化するわけだから，企業の事業内容やその業績への関心は自ずと薄くならざるをえない。経営の内容そのものよりも，株式市場における株価の変動がむしろ彼らにとっての関心事となるのである。本来であれば株主の意向を反映する必要がある経営者という存在であるはずであるが，個人株主が経営の動向に無関心のため，こうした状況は，一定程度は自由な経営が可能になるという事態を招くこととなった。経営者の社会的権力が大きく拡大したのである。

　これがバーリ＝ミーンズの明らかにした所有と経営の分離の基本的メカニズムであるが，彼らの調査から約30年後に行われたラーナー（Larner, R. J.）による調査（1963年）でも，さらに一層の所有と経営の分離が進展し，経営者が強大な社会的権力を有しつつある実態が明らかになった。

　その後，1970年代以降になり，株式の所有者は個人に限らず，事業法人や銀行，証券会社といった金融機関などが株式を所有するに至り，むしろ後者の比率が増大する法人資本主義（株式の機関所有）が進展することとなる。個人ではなく法人が所有するウェイトが高まるにつれ，株式を公開する企業としては，自身の意思により株式を売買する個々人ではなく，少数の法人との関係を良好に保ってさえいればよく，したがって安定株主が増え，経営者はさらに意思決定を行いやすい状況が整うこととなった。こうして企業の権力はますます増大することとなっていく。いわば，企業が関わり合いをもつ「社会」として，労働者や消費者，個人株主に加え，他企業や金融機関など

第Ⅱ部
組織・人的資源管理

の法人が認識されるようになったとみてよい。

(4) 多様なステークホルダー

　その後，このような経緯を経て強化されていった経営者の巨大な権力をいかに制御するかという観点から，企業統治に関わる議論が1990年代になって経営学の中でも大きく論じられることとなった。実際，経営者の権力の巨大化に端を発する企業不祥事が世界的に多発するようになり，経営者の権力をいかに牽制するかが，経営学においても大きな課題として認識されるようになったのである。

　そうした文脈において検討されるようになった論点のうち，1つは，経営に関心を失っていた株主を資本主義の原理に従って改めて復権させる方向性であり，もう1つの方向性は企業経営者に，株主以外の多様な利害関係者（ステークホルダー）との関係性を構築させることで，広く社会に貢献できる企業経営を志向させようとする議論である。

　このうち前者は，多くの株式を所有する機関投資家が中心となり，形骸化していた株主総会を活用して「物言う株主」になることを企図する方向性であった。機関投資家として有名なカルパース（CalPERS：California Public Employee's Retirement System，カリフォルニア州公務員退職年金基金))の事例が示すように，物言う株主が求めた基本的方向は，取締役会の立て直しであり，権力をもつ代表取締役の暴走を極小化するために透明性を高め，株主への説明責任（アカウンタビリティ）を高め，経営の長期的視点を経営者に要請していくこととなった。こうした統治機構改革を経て，企業経営者は所有者である株主や投資家に常に対峙し，彼らの意向に沿った経営のあり方を志向せざるをえなくなったのである。こうした「物言う株主」による一連の動きは，いわば，所有と経営の分離により経営者の独裁が高まっていた中，資本主義の本来のあり方に回帰しようとした動向として評価することができる。

　こうして，経営者が株主との対峙に労力をかけざるをえない状況となる中，

株主との関係ばかりではなく，株主以外の他の主体にも配意した経営を志向し，社会的責任を果たすべきだとする考え方が台頭してくることとなる。これが，いわゆる多様なステークホルダー論である。わが国においても，21世紀に入りグローバル化が急速に進展して以降，国家間の障壁を除去し自由化を強力に推進しようとする新自由主義的な発想法に基づいた企業統治が進んだことに対するある種の反省から，株主以外の多様な主体との関わり合いが議論されるようになった（上林編著 2013, 1-2）。

　ここにステークホルダーとは，企業が活動するにあたり関わり合うすべての社会的な主体を指しており，そうした主体は株主以外にも多々存在している。例えば企業内で働く従業員，消費者や顧客，取引先，NPO／NGO，地域社会，政府・行政など，これらすべての主体に対して有意な経営活動を行う主体として企業が存在しなくてはならないとするのがこのステークホルダー論の特徴である（谷本 2006）。ここに，これら多種多様な主体が，企業経営者が配慮すべき「社会」と認識されるに至った。企業がすでに社会として認識済みの対象である労働者や消費者，株主（個人・法人）といった主体のみならず，それ以外の多種多様な主体をも包摂して，企業経営者は有為な経営を行っていくことが要請されるようになったのである。

(5) 社会的責任の具体的内容

　ではステークホルダー論が念頭に置く，企業が果たすべき社会的責任とは具体的には何を指すか。この点に関し，2001年に欧州連合が発表したいわゆるグリーンペーパー（「企業の社会的責任に関する欧州枠組みの促進」）では，**図表3-1**と**図表3-2**に示すとおり，極めて多岐にわたる内容が含まれている。

　図表3-1では企業内部で果たすべき社会的責任が示されており，従業員や消費者，地域社会への責任が明示されていることがうかがえる。例えば，従業員への責任として，マイノリティや年配者，女性の採用，職場における健康・安全，変化やリストラに関する情報公開などである。

第Ⅱ部
組織・人的資源管理

図表3-1　社会的責任の具体的内容（対内的側面）

1．人的資源管理
　・業務および昇進機会の男女平等
　・採用時の差別の撤廃
　・マイノリティ，年配者，女性などの採用
　・エンプロイアビリティ（市場性のある職業能力）
2．職場における健康・安全管理
　・法制定とその施行による取り組みという現在の手法を超える
　・アウトソーシングにより新たな安全・健康対策が必要
　・商品への「安全で衛生的な」製造工程で製造されたことの表示
　・認証を受けた安全で衛生的な供給者からの調達
3．変化（リストラ）への対応
　社会的に責任のあるリストラと合併買収の手順：
　①情報公開
　②協議
　③官民の連携
　④職員のエンプロイアビリティと免職者の職業相談
4．資源および環境インパクト管理
　・資源消費量の削減（廃棄物と費用の削減）
　・環境負担の低減と収益性を両立させるウィン・ウィンの環境に関する決定
　・製品がライフサイクルを通して環境に与える影響を配慮した統合的製品政策の
　　立案

出所：高ほか（2003）p.71を一部修正

　図表3-2は企業外部に対する社会的責任が示されており，地域社会への
責任として研修サービスや保育サービスの実施，ビジネスパートナーへの責
任としてスタートアップ企業の支援，またグローバル環境への責任として，
社会の持続可能な発展といった項目が掲げられていることがうかがえる。
　ステークホルダー論の広がりは，欧州ばかりに限ったものではない。わが
国においても，例えば2005年に社会経済生産性本部が発表した「企業の社会
的責任指標化に関する調査報告書」においては，各種ステークホルダーに対
する社会的責任として，次に示す6つの領域の具体的内容が明示されている。

　①株主・債権者・投資家に対する責任：収益性，安全性，成長性，株主へ
　　の成果配分，ガバナンス，IR(株主関係)部門，株主説明会，株主総会

第3章
企業の社会的責任から サステナブル経営へ

図表3-2　社会的責任の具体的内容（対外的側面）

1．地域社会
　　・地域社会の研修
　　・社会パートナーと共同で保育サービスを提供
　　・地域社会との関係は特に国際的企業にとって重要
2．ビジネス・パートナー，サプライヤー，消費者
　　・現地調達
　　・コーポレート・ベンチャー：大企業が小規模なスタートアップ企業に出資し事
　　　業確立を支援
3．人　権
　　・腐敗撲滅
　　・贈収賄禁止
　　・児童労働：第三世界の国々の労働基準
　　・従業員の行動規範
　　・地域社会への情報開示
　　・重要問題に対処するための研修
　　・社内外の検証システム
4．グローバルな環境
　　・持続可能な発展

出所：高ほか（2003）p.73を一部修正

②従業員に対する責任：高齢者雇用，労働時間，有給休暇，育児休暇，介
　護休暇，メンタル・ヘルス，人材育成，業績評価，女性，障害者，離職
　率，労使協議制，差別・ハラスメント

③顧客に対する責任：顧客満足，負の側面対応，消費者啓発，顧客情報保
　護，外部認証

④供給者に対する責任：公正・互恵取引，透明性，コミュニケーション，
　報償

⑤地域社会，NPO，その他のステークホルダーに対する責任：地域関係，
　フィランソロピー，NPO関係，国際行動規範，国際交流，海外活動ル
　ール，インターンシップ，倫理綱領

⑥地球環境に対する責任：有害化学物質，廃棄物，環境管理認証，環境情
　報開示，グリーン調達，エコデザイン，温室効果ガス（GHG），エネル
　ギー効率

第Ⅱ部
組織・人的資源管理

　ここに列挙された項目は極めて多岐の領域にわたっており，これらを一概に「社会」の範疇に含めることには論点を曖昧化させる危惧さえあるが，少なくとも企業が株主の私益のみを追求していればよいとする考え方は，今日では大きく修正せざるをえない時代になっていることは確かであろう。

　今日の企業経営者は，資本主義の大原則のもと古典的に想定されてきた企業像とは異なり，多くのステークホルダーに対し配慮した経営を余儀なくされている。企業の発展が地域社会の発展と同一次元に捉えられ，企業による事業の拡大が地域経済の発展や市民生活の向上に直接的に貢献すると捉えられてきた時代からすると，同じ資本主義の枠内にある企業行動とはいえ，大きな変化であると捉えざるをえない（上林ほか 2024, 43-45）。

　総じて，ステークホルダー論をはじめとするCSRの議論の根底にある考え方は，資本主義体制下における企業において私的利益を追求すること自体はその体制原理からして容認されるべきであるが，そうした利益追求の姿勢は多少抑制したうえで，社会全体の利益になることを志向すべきである，という点である。そして，そうした企業の姿勢をより具体的に表現するならば，企業利益と社会全体の利益とが互いに対立し，相反するもの，相殺（トレードオフ）関係として把握されてきたと要約することができるであろう。換言すれば，「社会的責任を果たすためには，企業の私益追求は多少犠牲にせざるをえない」とする規範論的な発想法がCSR論の根底にある基本的な考え方であるといってもよい。少なくとも，これまでの経営学の歴史的展開においては，基本的にそのような関係として捉えられてきたというのが，ここでの帰結である。

　では，こういったCSR論の発展の延長線上に，昨今のサステナブル経営は捉えることができるだろうか。サステナブル経営の時代にあってもなお，こうした利益と責任の相殺関係が観測できるだろうか。経営者の認識は，CSRが論じられていた時代と比べ，どのように変わっているだろうか。あるいは変わっていないだろうか。これらの点に関し，節を改めて具体的に検討してみよう。

第3章
企業の社会的責任から サステナブル経営へ

3. ▶ サステナブル経営における経営者の視点

(1) CSR論とサステナブル経営

　本節の最初に，CSR論が論じられていた時代からサステナブル経営が論じられる時代への変化はいつ頃になるのかをまず確認しておきたい。データベース「日経テレコン」を用いて，1990年〜2024年に掲載された企業の社会的責任に関わる「日本経済新聞」の記事を対象に，特徴的な単語を抽出して，それらの単語と掲載年との関係を分析した[2]。**図表3−3**は，その結果をまとめたものである。単語の右列の数値は各年代に掲載された新聞記事と特徴的な単語との関連を表すJaccardの類似性測度であり，この値が大きい順に10語を表示している[3]。

　1990年代は特徴的な単語が確認されないものの，2000年代に入ってから「CSR」という単語が頻出するようになり，2010年代も同様の傾向にある。2020年代になると，新型コロナウイルス感染症に関する単語が上位を占めてはいるが，「SDGs」「ESG」「持続」「可能」といったサステナブル経営に関連する単語が「CSR」に代わって登場してきている。ここからCSR論に代わってサステナブル経営が取り上げられるようになってきたのは2020年頃からと捉えられるだろう。

　サステナブル経営という用語が一般に広く使われ始めてから日が浅いこともあるのか，誰もが必ず用いるような統一された明確な定義があるわけではない。とはいえ，サステナブル経営を「企業を取り巻く外部環境が一層複雑化する中で，企業として，経営をいかに持続的（サステナブル）なものにし

---

2)　1990年2月3日から2024年2月9日までの「日本経済新聞」に掲載された，「企業の社会的責任」という単語を含む記事を企業の社会的責任に関する記事として選んだ。KH-Coderを用いて，それらの中から出現頻度が高かった単語を抽出した。

3)　Jaccardの類似性測度は，0から1までの値をとり，関連が強いほど1に近づく。詳細は，樋口（2020）を参照されたい。

79

第Ⅱ部
組織・人的資源管理

図表3-3　抽出された年代別に特徴的な単語

1990-1999		2000-2009		2010-2019		2020-2024	
言う	.154	CSR	.528	CSR	.279	コロナ	.260
文化	.148	環境	.404	社会	.273	ウイルス	.204
米国	.137	投資	.272	企業	.272	新型	.204
考える	.135	評価	.247	責任	.271	SDGs	.204
問う	.132	取り組み	.241	日本	.243	ESG	.185
経済	.132	対象	.226	世界	.228	持続	.182
新しい	.131	対策	.218	活動	.224	可能	.163
努力	.130	組織	.215	事業	.213	社会	.152
問題	.128	社長	.214	米	.212	感染	.148
国民	.127	東京	.206	ビジネス	.209	統治	.138

数値は Jaccard の類似性測度。
出所：筆者作成

ていくか，また，そのような外部環境を企業の持続的な成長にどうつなげて
いくか」（経済産業省ワーキング・グループ 2023，6）を意識した経営のあ
り方，とみることに大きな異論はないであろう。

　松田（2021）は，**図表3-4**のように，CSRを源流として，事業会社が取
り組み主体となって，行動規範を国連グローバル・コンパクト（UN Global
Compact）に求めながら起こす実際の行動がサステナブル経営（CSV）であ
ると捉えている。その長期目標はSDGsであり，最終的な到達目標は地球環境・
社会経済システムの持続可能性の実現である。この図表は，ESGという用
語がさまざまな使われ方をしている現状において，社会経済システムを持続
可能なものにしていくための取り組みのうち，「投資家が行っている活動が
ESGであるということ」（松田 2021，69）を伝える文脈で用いられているも
のであるが，この図表にならえば，前節の最後に掲げた「CSR論の発展の
延長線上に，昨今のサステナブル経営は捉えることができるだろうか」に対
する答えは，イエスとなる。事業会社＝企業が取り組み主体となり社会的責
任を果たすという行動に着目すれば，この行動はCSR論においてみられた
ものであり，サステナブル経営においてもみられるものだからである。その

図表3-4 SDGs―ESG―CSR等の関係

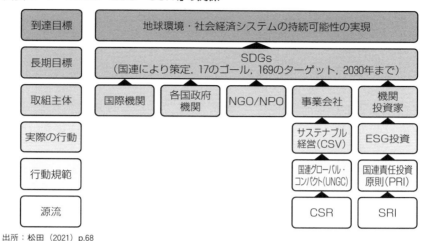

出所：松田（2021）p.68

意味では，サステナブル経営の源流をCSR論と捉えることには首肯できる。

しかし，サステナブル経営ではSDGsという長期目標や地球環境・社会経済システムの持続可能性の実現という最終目標が掲げられており，多様なステークホルダーや複雑化する外部環境への貢献を永続的に求められているところがCSR論とは異なっている。さらに，いわゆる「SX版伊藤レポート」では，「「サステナビリティ」への対応は，企業が対処すべきリスクであることを超えて，長期的かつ持続的な価値創造に向けた経営戦略の根幹をなす要素となりつつあ」り，「企業が長期的かつ持続的に成長原資を生み出す力（稼ぐ力）を向上させていくためには，サステナビリティを経営に織り込むことがもはや不可欠であるといっても過言ではない」とされている（経済産業省2022b, 2, 下線は原文ママ）。企業は社会的責任を果たすことと持続的に価値創造を行って利益を生み出すこととを結びつけるように，社会的責任への取り組み姿勢を変えなければならなくなってきているのである。

CSR論でみられた，経済的価値の実現と社会的価値の実現を別個のものと捉えて，経済性と社会性はトレードオフ関係にあるから「社会的責任を果

第Ⅱ部
組織・人的資源管理

たすためには，企業の私益追求は多少犠牲にせざるをえない」とする姿勢か
ら，経済的価値の実現につながる社会的価値の実現を目指し，経済性と社会
性は両立可能であるから「社会的責任を果たすことを通じて企業の私益追求
も可能である」とする姿勢へ，という変化が企業や経営者には求められてい
る。なぜなら，外部環境の変化がより激しくなり，さまざまなステークホル
ダーからの要求がより高まる中，「利益を出してそのなかから何かをやる社
会貢献のような立て付け」[4]では社会貢献を果たしていくことが困難になっ
てきているからである。

　このように，経済性と社会性の関係をトレードオフ関係とみることから両
立可能な関係とみることへと経営者の視点が変わってきていることに着目す
ると，CSR論の発展の延長線上にサステナブル経営を捉えるよりも，CSR
論とは異なる経営者視点で行われる，あるいはCSR論とは異なる原理で行
われる経営がサステナブル経営であると把握できることになる。

(2) サステナブル経営と人的資本

　サステナブル経営への関心が高まってきた背後には，環境（Environment），
社会（Social），ガバナンス（Governance）それぞれに関する社会的な意識
や行動の変容が存在する。ここでは，それらの中でも，「社会」に含まれる
人的資本に関わることがらに着目していきたい。なぜなら，わが国において
は人的資源管理（Human Resource Management：HRM）のあり方や働き
方といった人的資本に関わることがらに関して大きな変化が求められている
からである[5]。

---

4)　青井（2022）内における，花王取締役会長・澤田道隆氏の発言（p.38）。
5)　「人的資本」と「人的資源」という用語に対して，人材を「人的資源」とみると管理の対象となり
　　コストと捉えることになるが，「人的資本」とみると投資の対象となり価値創造につながる，とい
　　うのが「人材版伊藤レポート」での認識である（経済産業省 2020, 9）。一方，「人的資源と人的資
　　本は，前者が主に経営学，後者が主に経済学で使われるという学問領域の表現の差にすぎ」ず，「こ
　　うした用語表現だけへの過度なこだわりは，ジョブ型人事と同様に，その用語をバズワード（一時
　　の流行語）化させてしまう危険性がある」（有沢・石山 2022, 11）という見解もある。ここでは，後
　　者と同じ見解で論を進めることとする。

第3章

企業の社会的責任から サステナブル経営へ

　先述した「SX版伊藤レポート」においても，「人的資本への投資が，社会のサステナビリティと企業のサステナビリティの同期化[6]を図る観点からも重要な要素であるとの認識が広がっている」（経済産業省 2022b, 10）として，サステナブル経営においては人的資本に関する取り組みを重視する必要性が示されている。また，「SX版伊藤レポート」に先んじて公刊された「人材版伊藤レポート」（経済産業省 2020）と「人材版伊藤レポート2」（経済産業省 2022a）は，多くの企業に対して経営戦略と連動した人材戦略の見直しと実践を大いに促すこととなった。

　投資家も投資判断材料にするために人的資本に関する情報の開示を求めており，それに応えて人的資本情報の開示が進められてきた。2018年12月に国際標準化機構（International Organization for Standardization：ISO）がISO30414「人的資本に関する情報開示のガイドライン」を発表し，国内でも豊田通商など複数の会社が認証取得をしている[7]。その後2021年6月に，東京証券取引所が，企業の中核人材における多様性の確保やサステナビリティを巡る課題への取り組みを含んだコーポレートガバナンス・コードの改訂を行い施行した。また，内閣府は2022年8月に，無形資産にこそ企業価値の持続的向上や競争優位の源泉があるとして，人的資本情報開示のあり方を示す「人的資本可視化指針」を公表した。さらに，2022年6月に公表された金融審議会「ディスクロージャーワーキング・グループ」報告における提言を踏まえた内閣府令等の改正が2023年1月に行われた。これにより，有価証券報告書等においてサステナビリティ情報の開示が求められることとなり，女性管理職比率・男性の育児休業取得率・男女間賃金格差といった多様性の指標に関する情報の開示も2023年3月期決算企業から求められるようになっている。

　加えて，国内の上場企業461社のCFO（Chief Financial Officer：最高財務

6）　同期化とは，「社会の持続可能性に資する長期的な価値提供を行うことを通じて，社会の持続可能性の向上を図るとともに，自社の長期的かつ持続的に成長原資を生み出す力（稼ぐ力）の向上と更なる価値創出へとつなげていくこと」とされている（経済産業省 2022b, 2）。

7）　豊田通商HP（https://www.toyota-tsusho.com/press/detail/221031_006113.html）。

第Ⅱ部
組織・人的資源管理

責任者）を対象に行われた調査において，「現在，または将来の企業価値に大きく影響をすると思われるサステナビリティ関連課題」（複数回答）を尋ねた結果の割合を上位からみると，「人的資本の開発・活用」77％，「気候変動」69％，「ダイバーシティ」53％の順となっている（KPMGジャパン2021）。財務戦略の立案・遂行者たるCFOの回答結果上位3つに，「人的資本の開発・活用」と「ダイバーシティ」といった人材に関わる項目2つが含まれており，サステナブル経営において人に関することがらが重視されていることがここでもうかがえる。

このように，サステナブル経営のもとでは人的資本への関心が高まってきており，人的資本経営という用語も普及し始めている（経済産業省2022a）。人的資本経営とは，「人材を「資本」として捉え，その価値を最大限に引き出すことで，中長期的な企業価値向上につなげる経営のあり方」[8]とされるが，実際に仕事が行われる現場においては，それは経営戦略と連動したHRMのあり方と働き方の問題として現れる。それゆえ，HRMにおける経済性と社会性の関係について，次項においてみていくことにする。

(3) 人的資源管理における経済性と社会性[9]

HRMにおける経済性と社会性の関係は，歴史的な経緯を振り返りながらみていくと理解しやすいだろう。戦後の高度経済成長を支えてきた日本的経営は，終身雇用，年功序列，企業内組合といういわゆる三種の神器によって特徴づけられた。特に終身雇用と年功序列は，年功的労務管理と称された当時の労務管理[10]の根幹を成していた。

ただし，すべての働く人たちが年功的労務管理を享受していたわけではなかった。終身雇用は，大企業や官公庁の正規雇用者においてのみあてはまる

---

8) 経済産業省HP「人的資本経営：人材の価値を最大限に引き出す」（https://www.meti.go.jp/policy/economy/jinteki_shihon/index.html）。
9) 本節は，日本学術会議経営学委員会SDGsと経営実践・経営学・経営学教育を検討する分科会（2023）の「3（1）人的資源管理における動向と課題」をもとに加筆修正したものである。
10) わが国においてHRMという用語が用いられるようになったのは1980年代半ばからであるので，ここではそれ以前に用いられていた労務管理という用語を用いている。

第3章
企業の社会的責任から サステナブル経営へ

ものであり，その雇用保障は非正規雇用者が雇用の調整弁となることによって守られてきた。さらに，「正社員は会社のために体，時間，能力などをささげ，〈無限に〉努力する存在」（守島 2010, 147）であり，「労働サービスを制約なく企業に提供できるという意味で「無制約社員」」（今野 2012, 107）であった。一方，無制約な働き方が難しい，女性，非正規社員，障がい者らは制約社員であり，年功的労務管理の恩恵を享受することがほとんどなかった。ここには，会社の求めに応じて働けるだけ働くことで利益追求することを是とする経済性志向が強く認められた。また，そこには，日本社会に根づく性別役割分担意識が影響していたことも見落としてはならないだろう。

それゆえ年功的労務管理のもとでは，少なくとも2つの点で社会性に欠けていたといえるだろう。1つは，経済性追求の対象である「労働力としての労働者」に強い関心が払われた結果，生活者として社会に存在する「労働力の所有者としての労働者」（藻利 1976, 440）に目が向けられなかったことである。労働者も職場を離れれば生活者である，あるいは，生活者である私たちは労働者という一面ももつという当たり前のことに当時は目が向けられていなかった。確かに，年功賃金は労働者のライフスタイルに合致しており，生活者という面を意識した施策であったともいえるが，それを享受できる正社員には会社の要求にすべて応える無制約社員としての働き方が求められており，生活者として過ごす時間は著しく阻害されていた。

もう1つは，働きたいすべての人が十分に働くことができなかったということである。経済的価値実現の観点からは，会社の要求に十分に応えられない制約社員を厚く遇することや積極的に雇用することに合理性を見出すことはなかった。

しかし，1990年代初頭にバブル経済が崩壊して年功的労務管理の終焉がいわれるとともに，新しい働き方を求める声が高まってきた。それに応えるように，政府は2007年12月に「仕事と生活の調和推進（ワーク・ライフ・バランス）憲章」とそのための行動指針を策定した。さらに，2016年9月には「働き方改革実現会議」が設置され，働く人がそれぞれの事情に応じた多様な働

85

第Ⅱ部
組織・人的資源管理

き方を選択できる社会の実現に向けて働き方改革が進められてきた。

その後，2020年以来のコロナ禍は，ICT技術の発展と相まって，仕事において時間と空間を共有する——仕事は職場で同僚と一緒にするもの——という，これまでの仕事の常識を大きく覆した。これによって，労働時間や働く場所に関して柔軟な働き方が，これまで以上に急速に広まることになった。

こうした動向の中で経済性と社会性の関係という視点からの議論は決して多くはなかったが，これらの変化を経済的価値の実現を低減させることなく，ステークホルダーでもある従業員の働き方をより良いものにするという社会的価値の実現が追求され始めたことの現れと捉えることができる。年功的労務管理の時代にみられた，経済性と社会性はトレードオフ関係にあり，経済的価値の実現を極端に重視する労務管理から，経済的価値と社会的価値の実現は両立可能であり，それを目指すHRMへと変化してきているのである。

4. ► サステナブル人的資源管理

前項でみたようなHRMの変化と時を同じくして，まだまだ普及はしていないが，サステナブル人事（有沢・石山 2022）やサステナブル人的資源管理（Sustainable Human Resource Management：サステナブルHRM）という用語や概念も使われるようになってきている（Ehnert 2009; Kramar 2014; Chams and García-Blandón 2019）。明確な定義が共有されているわけではないので，ここではサステナブルHRMとは「短期的な利益追求のためだけではなく，長期的な企業価値向上と組織の存続発展のために組織内の人材を尊重し，さらには，組織外の環境，社会，人々といった多様なステークホルダーが持続的に発展することに貢献することをも重視した人材管理」としておこう。

サステナブルHRMという用語が広く普及するかどうかはさておき，その意味するところは，サステナブル経営のもとで行われるHRMにおいて目指されるべきものであるといえるだろう。

ここまで特にSDGsには触れずにきたが，SDGsに掲げられている多くの目標はサステナブルHRMとも関わっている。サステナブルHRMにとって，ジェンダー平等（gender equality）（目標5），ディーセント・ワーク（decent work）（目標8），多様性と包摂（Diversity and Inclusion：D&I）（目標10）は，特に重要な実現すべき社会的価値である。なぜなら，これらの目標は日本企業においてまだまだ不十分な領域に関わるものであり，これらの達成を目指すことで，制約があるためにこれまで仕事に就けなかったり，仕事を通じて十分に力を発揮できなかった人たちに働く機会を提供したり，新しい働き方の実現につながったりする可能性が高いからである。同時に，そうした新しい働き方は組織の生産性向上やイノベーションにつながり経済的価値の向上も期待できるからである。

次章では，そうしたサステナブルHRMの実践について具体的に検討することとしよう。

［謝辞］

本章の執筆のもととなる文献の調査およびデータの分析にあたり，米田晃氏（神戸大学大学院経営学研究科特命助教）から真摯なご協力をいただいた。記して謝意を表する。

参考文献

青井浩（2022）『サステナビリティ経営の真髄：丸井グループ社長 青井浩が賢人と解く』日経BP。

有沢正人・石山恒貴（2022）『カゴメの人事改革：戦略人事とサステナブル人事による人的資本経営』中央経済社。

今野浩一郎（2012）『正社員消滅時代の人事改革』日本経済新聞出版社。

勝部伸夫（2023）『日本企業論：企業社会の経営学』文眞堂。

上林憲雄編著（2013）『変貌する日本型経営：グローバル市場主義の進展と日本企業』中央経済社。

上林憲雄・奥林康司・團泰雄・開本浩矢・森田雅也・竹林明・中村志保（2024）『経験から学ぶ経営学入門（第3版）』有斐閣。

経済産業省（2020）「持続的な企業価値の向上と人的資本に関する研究会報告書：人材版伊藤レポート」（2020年9月），https://www.meti.go.jp/shingikai/economy/kigyo_kachi_

kojo/pdf/20200930_1.pdf（2024年 3 月31日閲覧）。

経済産業省（2022a）「人的資本経営の実現に向けた検討会 報告書：人材版伊藤レポート2.0」（2022年 5 月），https://www.meti.go.jp/policy/economy/jinteki_shihon/pdf/report2.0.pdf（2024年 3 月31日閲覧）。

経済産業省（2022b）「伊藤レポート3.0（SX版伊藤レポート）サステナブルな企業価値創造のための長期経営・長期投資に資する対話研究会（SX研究会）報告書」（2022年 8 月30日），https://www.meti.go.jp/press/2022/08/20220831004/20220831004-a.pdf（2024年 4 月10日閲覧）。

経済産業省ワーキング・グループ（正式名称：サステナブルな企業価値創造に向けたサステナビリティ関連データの効率的な収集と戦略的活用に関するワーキング・グループ）（2023）「サステナビリティ関連データの効率的な収集及び戦略的活用に関する報告書（中間整理）：開示を超えた戦略的活用への転換に必要な体制整備と経営者及び取締役会の役割」，https://www.meti.go.jp/press/2023/07/20230718002/20230718002-1.pdf（2024年 4 月10日閲覧）。

KPMG ジャパン（2021）「KPMG ジャパン CFO サーベイ2021」，https://assets.kpmg.com/content/dam/kpmg/jp/pdf/2021/jp-cfo-survey.pdf（2024年 5 月 6 日閲覧）。

社会経済生産性本部（2005）『企業の社会的責任（CSR）指標化に関する調査報告書』社会経済生産性本部。

高巌・辻義信・S.T. デイヴィス・瀬尾隆史・久保田政一（2003）『企業の社会的責任：求められる新たな経営観』日本規格協会。

谷口和弘・河原茂晴・高部大問編著（2024）『サステナビリティ時代の会社：21世紀のコーポレート・エコノミー』慶應義塾大学出版。

谷本寛治（2006）『CSR：企業と社会を考える』NTT 出版。

出見世信之（2023）「持続可能な経済社会の創造に向けて」日本経済学会連合編『21世紀における持続可能な経済社会の創造に向けて』 2 （ 3 ），pp.9-14，https://www.ibi-japan.co.jp/gakkairengo/htdocs/web_publish/2023_vol_02_no_03.pdf（2024年 4 月20日閲覧）。

内閣府 非財務情報可視化研究会（2022）「人的資本可視化指針」（2022年 8 月30日），https://www.cas.go.jp/jp/seisaku/atarashii_sihonsyugi/wgkaisai/jinteki/sisin.pdf（2024年 4 月15日閲覧）。

日本学術会議経営学委員会SDGsと経営実践・経営学・経営学教育を検討する分科会（2023）「サステナブル経営の実現をめざして：経済的価値と社会的価値の統合」（令和 5 年（2023年） 9 月 4 日），https://www.scj.go.jp/ja/member/iinkai/kiroku/1-20230904-10.pdf（2024年 4 月15日閲覧）。

庭本佳子・上林憲雄（2023）「日本における HRM 理論の受容プロセス：学界および産業界の動向に着目して」『国民経済雑誌』227(6)，pp.89-107。

樋口耕一（2020）『社会調査のための計量テキスト分析：内容分析の継承と発展を目指して（第 2 版）』ナカニシヤ出版。

正木久司（1980）「R. J. ラーナーの会社支配論」『同志社商学』32（3），pp.158-181。

松田千恵子（2021）『サステナブル経営とコーポレートガバナンスの真価』日経BP。

三戸浩・池内秀己・勝部伸夫（2018）『企業論（第4版）』有斐閣。

藻利重隆（1976）『労務管理の経営学（第二増補版）』千倉書房。

守島基博（2010）『人材の複雑方程式』日本経済新聞出版社。

若林直樹（2022）「持続可能な発展を促進する企業組織のあり方の探求」日本経済学会連合編『21世紀における持続可能な経済社会の創造に向けて』2（2），pp.1-8，https://www.ibi-japan.co.jp/gakkairengo/htdocs/web_publish/2022_vol_02_no_02.pdf（2024年4月20日閲覧）。

若林直樹（2023）「エコノミクストレンド：「持続的発展」経営実践を」日本経済新聞，2023年12月13日朝刊。

渡辺敏雄編著（2021）『社会の中の企業』（経営学史叢書第Ⅱ期⑥社会性）文眞堂。

Chams, N. and J. García-Blandón（2019）On the Importance of Sustainable Human Resource Management for the Adoption of Sustainable Development Goals, *Resources, Conservation & Recycling,* 141, pp.109-122.

Ehnert, I.（2009）*Sustainable Human Resource Management: A Conceptual and Exploratory Analysis from a Paradox Perspective,* Berlin: Physica-Verlag.

Kramar, R.（2014）Beyond Strategic Human Resource Management: Is Sustainable Human Resource Management the Next Approach?, *The International Journal of Human Resource Management,* 25(8), pp.1069-1089.

第Ⅱ部
組織・人的資源管理

コラム3　サステナブル経営への行動変容

　サステナブル経営をどのように実現すればよいのだろうか。企業価値を創造し，社会に届けているのは「人」である。また，社員は労働者であるとともに，生活者である。社会の中の個人として，持続可能な社会の形成に寄与するという意識と自発的な行動の積み重ねが，サステナブル経営の実現につながるのではないだろうか。本コラムでは，サステナブル経営を可能としうる行動変容に着目し，さらにそれが人材育成にもたらす影響を示す。

Ⅰ．サステナブル経営におけるソーシャルグッドの重要性

　サステナブル経営は地球環境と社会経済システムの持続可能性の実現を最終目標としているが，それは「ソーシャルグッド（social good）」を目指しているのだと解釈できる。

　「ソーシャルグッド」とは何であろうか。ソーシャルグッドは，主にビジネスと非営利の世界で広く使用され（Gordon et al. 2016），多くの人々の幸福（well-being）を実現するための手段（Mor Barak 2018）として理解されていることが多い（Garlington et al. 2020）。経営学領域の研究では，ソーシャルグッドとは，生態系の維持・改善，生活環境の向上，生活機会の増加など，さまざまな領域の問題を含む個人や地域の福祉であるとの報告（Viswanathan et al. 2009）や，未来のあるべき姿へのコミットメントであり，自分と社会との継続的な相互作用で形成され継続的に達成されるものとの報告（Cicmil and O'Laocha 2016）がある。

　Mor Barak（2020）は，100以上の文献調査とインタビューを行い，ソーシャルグッドとは，その範疇，促進するための枠組みや仕組み，達成方法を設計するための結節点であると主張している。すなわち，「ソーシャルグッド」を目標とすることにより，まず，「ソーシャルグッドとは何か」と問い，持続可能性，社会的包摂，平和・調和を考慮した範囲・新たな定義を定めることができる。次に，「どのような人々とどのような枠組みで促進していくのか」と問い，企業と非営利組織との共創など，立場を超えてマルチレベルな思考と多様な視点で変化と協調のシステムを

90

コラム3
サステナブル経営への行動変容

形成することができる。さらに,「どのような方法で達成するのか」と問い,達成のための多様なアプローチを設計することができる。この設計においては,人の意思決定,行動の阻害・促進要因に着目し,人間中心,参加型のデザインを用いることの大切さが強調されている。

この考え方は,類似の概念からの区別に留まらず,ソーシャルグッドを達成する手段に言及されていることがGarlington et al.（2020）に評価されているが,サステナブル経営の実践にも示唆を与えていると考えられる。

Ⅱ．ソーシャルグッドへの行動変容

持続可能な社会を形成するためには,それを阻害する社会課題を解決する必要があるが,Kotlerらは,企業がソーシャルマーケティングを用いることを提唱している。なぜなら,多様なアプローチがある中で,ソーシャルマーケティングはソーシャルグッドを目指した行動変容に重きを置くからである（Kotler et al. 2012）。なお,この行動とは,購買・消費行動ではない。

ソーシャルマーケティング[1]は,その手法（図表の外周円に相当）に注目されがちであるが,最も大切なのは,中心円に位置する原則である。個人や組織,社会にとっての社会的価値を創造することで,ソーシャルグッドを生み出すことに焦点があてられている。また,社会的価値とは,多様なコミュニティとの対話や理解,市民組織を通じて,集合的に合意されるものと捉えられている。

さらに,ソーシャルマーケティングは,ソーシャルグッドを定義し,それを実現するための行動変容／促進プログラムを開発・実装することに重点が置かれている。すなわち,このプログラムを立案・実施するプロセスにおいて,関係者らは,「促そうとする行動は,その人,他者,社会にとってよきことなのか,社会的価値を創造するのか」「6つの中核的概念（図表の2番目の円周）が含まれているか」と問い続け,市民とともに考え,ともに創り,ともに取り組み・振り返る。このプロセ

---

1) 世界的に合意されたソーシャルマーケティングの定義の日本語訳は次のとおりである。「ソーシャルマーケティングとは,マーケティングの概念と様々な手法を結びつけることにより,ソーシャルグッドの実現に向け,個人やコミュニティー全体としての行動の変容を促すことを目指すものです。ソーシャルマーケティングの実践は,倫理要綱の遵守を基本とします。その上で,調査を実施し,最も適切な方法を選び,学説・理論に基づいて,対象者・協力者のインサイトを組み合わせることで,目指す行動と競合する行動を意識し,対象グループに合った,効果的,効率的,公平で持続可能なより良い社会をつくるための取り組みを提供することを目指しています。」（瓜生原 2021, 27）。

91

図表 「ソーシャル・マーケティングの原則・概念・手法」階層モデル

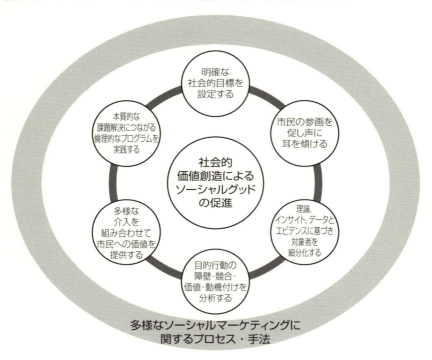

出所：https://www.smana.org/wp-content/uploads/2017/04/ESMA-AASM-SMANA-endorsed-Consensus-Principles-and-concepts-paper.pdf より筆者が日本語訳。

スに真摯に取り組むことにより，文化的に適切で倫理的に受け入れられる方法が開発され，社会に支持されていくのである。

Ⅲ．ソーシャルグッドを考え行動する人材の育成

では，このプロセスに向き合うことは，どのような「よきこと」を生むのだろうか。医療資源の持続可能性を目指した「医療のエコ活動」を展開しているＡ社では，社員がその実現のための市民向けプログラムを開発・実装した（瓜生原 2024）。その結果，関わった社員は，「現在ではなく未来に向かって全体がグッドになるの

かという視点で考えるきっかけとなった」「企業人が設定している行動目標は複雑なため，ソーシャルグッドに向かっている点を明確に説明しなければいけないと思った」「行動の阻害要因を超える価値創造の重要性を実感した」「ソーシャルグッドとは何かを問い続けながら，社会の幸せにつながるアプローチを考えぬくことができるようになり，やりがいを感じた」「ソーシャルグッドを目的とするとはどういうことか実感できた」などの感想を抱き，サステナブル経営に向けた行動を始めていた[2]。

ソーシャルグッドとは何か，それに向けて誰とともにどのように行動するのかについて考え続け，行動し続けることは，他者を尊重し，共生し，それが連鎖して社会が成熟するのを助ける役割を担っている。真の持続可能性が生まれる源泉となっている。ソーシャルグッドを目指す人材の育成は，サステナブルな経営を実現する鍵になりうることが示唆される。

参考文献

瓜生原葉子 (2021)『行動科学でより良い社会をつくる：ソーシャルマーケティングによる社会課題の解決』文眞堂。

瓜生原葉子 (2023)「効果的な政策の実現に対するソーシャルマーケティングの貢献」『同志社商学』75(2)，pp.13-47。

瓜生原葉子 (2024)「医療のエコ活動に対するソーシャルマーケティングの貢献」『同志社商学』75(6)，pp.203-231。

Cicmil, S. and E. O'Laocha (2016) The Logic of Projects and the Ideal of Community Development: Social Good, Participation and the Ethics of Knowing, *International Journal of Managing Projects in Business,* 9, pp.546-561.

Garlington, S.B., M., Collins, R. Margaret, and M.R. Durham Bossaller (2020) An Ethical Foundation for Social Good: Virtue Theory and Solidarity, *Research on Social Work Practice,* 30(2), pp.196-204.

Gordon, R., R. Russell-Bennett, and R.C. Lefebvre (2016) Social Marketing: The State of Play & Brokering the Way Forward, *Journal of Marketing Management,* 32, pp.1059-1082.

Kotler, P., D. Hessekiel, and N.R. Lee (2012) *Good Works!: Marketing and Corporate Initiatives That Build a Better World and the Bottom Line,* New York: Wiley.

Mor Barak, M.E. (2018) The Practice & Science of Social Good: Emerging Paths to Positive

---

2) 瓜生原 (2023, 23-25) に示す研修を1年間受講した社員らの感想を一部抜粋。

Social Impact, *Research on Social Work Practice,* pp.1-12, Advance online publication.

Mor Barak, M.E. (2020) The Practice and Science of Social Good: Emerging Paths to Positive Social Impact, *Research on Social Work Practice,* 30(2), pp.139-150.

Viswanathan, M., A. Seth, R. Gau, and A. Chaturvedi (2009) Ingraining Product-relevant Social Good into Business Processes in Subsistence Marketplaces: The Sustainable Market Orientation, *Journal of Macromarketing,* 29, pp.406-425.

第4章
サステナブル人的資源管理の課題と展望
—ジェンダー平等，ディーセント・ワーク，ダイバーシティ＆インクルージョン—

　サステナブル人的資源管理では，経済的価値のみならず，社会的価値も志向している。本章では，サステナブル人的資源管理に求められる視点として，ジェンダー平等，ディーセント・ワーク，ダイバーシティ＆インクルージョンを検討する。ジェンダー平等への日本企業の課題として，女性のキャリア開発，ワーク・ライフ・バランス支援施策，正規と非正規従業員の待遇格差是正等を指摘する。ディーセント・ワーク実現への日本企業の課題として，障がい者雇用に焦点をあてたうえで，合理的配慮の必要性や企業内のみならず，地域の特別支援学校や就労支援機関，医療機関等就労支援クラスターとの連携の重要性を指摘する。ダイバーシティ＆インクルージョンの推進への日本企業の課題として，外国人雇用に焦点をあてたうえで，外国人労働者の文化や語学面でのサポートや教育，その個性や独自性を活かす採用，人材配置，人材開発や賃金管理の重要性も指摘する。以上から，多様な人材が包摂されて共生・協働できる社会を実現していくことが，社会的価値の達成のみならず，経済的価値の新たな達成にもつながっていくとして，サステナブル人的資源管理の方向性を展望する。

第Ⅱ部
組織・人的資源管理

1. ▶ はじめに
―これからのサステナブル人的資源管理に求められる視点―

サステナブル経営に向けた人的資源管理の新しい方向性と視点が模索されている。そうした中，最近ではサステナブル経営に向けた人的資源管理としてサステナブル人的資源管理（sustainable Human Resource Management：sustainable HRM）が注目されている。サステナブル人的資源管理では，経済的価値のみならず，社会的価値も志向している。サステナブル人的資源管理では，経済的価値と社会的価値をトレードオフの関係で捉えるのではなく，双方の追求を目指している。言い換えれば，企業の経済性や利益の追求と働く人々や社会の幸福を両立する（上林 2022）ことを目指しているといえる。

その意味でSDGsに掲げられている多くの目標もサステナブル人的資源管理にも関わっている。例えば，貧困の終結（目標1），健康的な生活とウェル・ビーイング（目標3），質の高い教育と生涯学習（目標4），ジェンダー平等（目標5），ディーセント・ワーク（目標8），人々の不平等の是正，すなわち多様性（ダイバーシティ）と包摂（インクルージョン）（目標10）は，重要な社会的価値である（United Nations 2015）。その中でも，ジェンダー平等，ディーセント・ワーク，ダイバーシティ＆インクルージョンといった視点は，サステナブル人的資源管理において特に求められる視点であり，鍵となる概念である。

したがって，本章ではこれら3つの視点を中心に検討したい。ジェンダー平等，ディーセント・ワーク，ダイバーシティ＆インクルージョンの視点から，日本企業はどのような現状にあるのか，どのような課題が残されているのか，どのような取り組みをしているのかについて，国際比較をしながら，検討・考察する。そして，これからの日本企業のサステナブル人的資源管理の方向性について展望する。

第4章
サステナブル人的資源管理の 課題と展望

2. ▶ ジェンダー平等の視点

(1) 日本におけるジェンダー平等

　SDGsの目標5は，ジェンダー平等を実現し，すべての女性と女児のエンパワーメントを行うことである。ジェンダー平等（gender equality）は，持続可能な開発に不可欠なキーワードになっている。

　日本のSDGs達成度は，2021年に世界165か国中第18位であるが，ジェンダー平等は解決すべき最大課題とされている。特に，国会議員に占める女性比率，男女賃金格差，家事・育児など無償労働時間の男女格差に重要な課題があると指摘される（Sachs et al. 2021）。

Global Gender Gap Report 2024（World Economic Forum 2024）によれ

図表4-1　日本のグローバル・ジェンダー・ギャップ指数

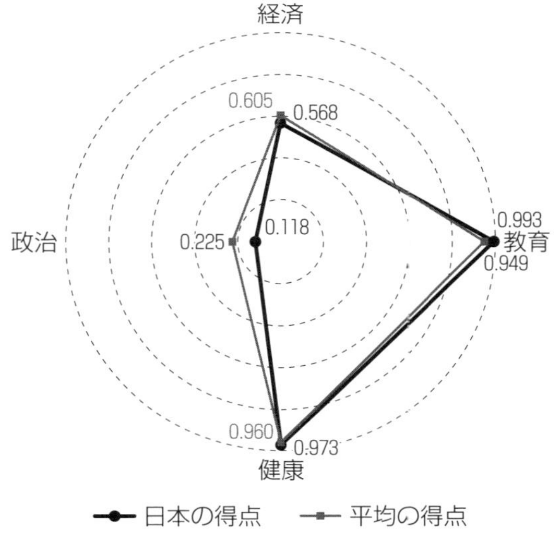

出所：Global Gender Gap Report 2024より筆者作成

ば，男女格差を測るグローバル・ジェンダー・ギャップ指数に関して，日本は0.663で，146か国中第118位である。特に，政治分野では0.118で第113位，経済分野では0.568で第120位であり，日本においてジェンダー平等が実現されていない（**図表4-1**）。

(2) 日本企業における女性雇用の現状

経済分野のジェンダー・ギャップ指数の低さの理由として，日本企業における女性雇用の特徴が挙げられるだろう。

まず第1に，日本の女性管理職比率は14.63％と低く，146か国中第130位である。1986年に男女雇用機会均等法が施行されて以来，女性の勤続年数は徐々に長期化し，女性管理職も増えつつあるが，その比率は依然として低い。

第2に，日本の女性の年齢階級別労働力率が，M字型カーブを描いていることが挙げられる。ただし，最近ではM字型カーブが浅くなりつつあり，

図表4-2　女性の年齢階級別労働力人口比率の推移

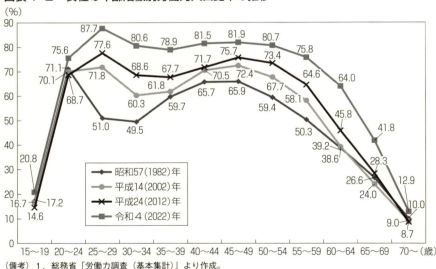

（備考）1．総務省「労働力調査（基本集計）」より作成。
　　　　2．労働力人口比率は，「労働力人口（就業者＋完全失業者）」／「15歳以上人口」×100。
出所：内閣府（2023）『男女共同参画白書 令和5年版』より筆者作成

第４章　サステナブル人的資源管理の課題と展望

M字の底となる年齢階級も上昇している（**図表４-２**）が，国際比較すると，その傾向は依然みられている。これは，日本の女性たちが子育ての時期にワーク・ライフ・バランスを実現できずに，仕事を中断せざるをえない状況にあることを示している。日本では，ワーク・ライフ・バランスの実現に向けての施策や制度が不足しているからともいえる。日本社会に根づいている性別役割分業意識が，M字型カーブに影響している要因ともいわれる。

　第３に，非正規従業員に女性が多いことが挙げられる。正規従業員の割合は1986年の83.4％から2023年の62.6％にまで減少する一方，非正規従業員の割合は1986年の16.6％から2023年の37.4％にまで増加している。非正規従業員の68.3％は女性であり，特にパートタイム労働者の87.6％は女性である。最近では，女性の働き方に関し，L字型カーブという現象も指摘される。L字型カーブとは，女性の正規雇用比率をグラフで表した際，20代後半から30

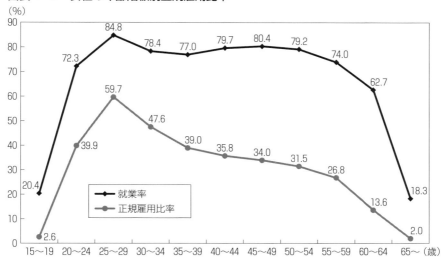

図表４-３　女性の年齢階級別正規雇用比率

（備考）１．総務省「労働力調査（基本集計）」より作成。
　　　　２．就業率は，「就業者」／「15歳以上人口」×100。
　　　　３．正規雇用比率は，「正規の職員・従業員」／「15歳以上人口」×100。
出所：内閣府（2023）『男女共同参画白書　令和5年版』より筆者作成

99

第Ⅱ部
組織・人的資源管理

代前半を境に右肩下がりとなり，右に倒れたＬ字のようにみえる現象のこと
をいう。**図表 4 - 3**のように，2022年の年齢階級別正規雇用比率は，25-29歳
の59.7％をピークに，30-34歳で47.6％と低下し，Ｌ字型カーブを描いている。
日本では，賃金，職業教育・訓練，福利厚生，職務保障等の面で，正規従業
員と非正規従業員の格差が著しいが，こうした点もジェンダー不平等の理由
となっている。

(3) 海外の事例―ノルウェーにおけるジェンダー平等―

　ここでは，ジェンダー平等の先進国であるノルウェーの事例について取り
上げる。

　Global Gender Gap Report 2024（World Economic Forum 2024）によれ
ば，ノルウェーのグローバル・ジェンダー・ギャップ指数は，0.875で，146
か国中第 3 位である。経済分野で0.799，教育分野で0.993，健康分野で
0.962，政治分野で0.746となっており，すべての分野で世界の平均を上回っ
ている（**図表 4 - 4**）。つまり，経済，教育，健康，政治といった幅広い分野
において，ジェンダー平等が達成されている。女性管理職比率は33.16％と
なっている。女性役員比率は，43.20％である。

　女性の社会進出が進展した背景には，伝統的に女性解放運動が活発だった
ことや労働力不足を補うために，女性労働力が不可欠であったことが挙げら
れる。1990年代後半以降，生産性向上のためには男女共同参画が不可欠とい
う社会的コンセンサスが形成され，女性の社会進出への支援のみならず，男
性の家庭における役割も注目されるようになった。

　ノルウェーのジェンダー平等の基盤として制定されたのが，1978年の男女
平等法である。同法は，社会における，あらゆる性差別を禁止している。関
係当局，雇用者は，各自の責任の範囲内で，男女平等を推進する義務を負う
と定められている。また，同法の実施機関として，政治的・専門的独立機関
である平等・差別オンブズマンが設置され，男女平等の促進，苦情対応にあ
たっている（Knappskog 2017）。

第4章 サステナブル人的資源管理の 課題と展望

図表4-4 ノルウェーのグローバル・ジェンダー・ギャップ指数

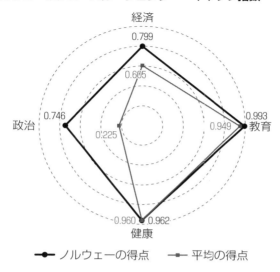

出所：Global Gender Gap Report 2024より筆者作成

　特に，企業における女性活躍推進のため，ノルウェーでは，2004年に会社法が改正された。これにより，公営企業および民間企業のうち，株式上場企業に対し，取締役会における性別クォータ制度が適用されている。企業の規模により異なるが，取締役が10人以上であれば，いずれの性別も40％を下回ってはならない，つまり，上場企業であれば4割以上を女性役員にする必要があることを意味している。例えば，民間セクターでは，NHO（ノルウェー経営者連盟）が，女性を将来の取締役メンバーに育成するプログラムを立ち上げるなどの女性登用促進の試みも実施している（二神 2020a）。

　こうしたノルウェーのクォータ制の導入にあたって，当初は男性への逆差別が生じるなど反対論もあったが，現在では概ね定着している。ただ，いくつかの課題も依然として残されている。男女で就く業種に違いがあること，経営部門への女性参加率が低いこと，女性はパートタイムが多いこと，公的セクターと民間セクターで男女比に違いがあることなどが挙げられる。

第Ⅱ部
組織・人的資源管理

ノルウェーのクォータ制導入を契機として，欧州では，フランスをはじめ，アイスランド，スペイン，オランダ，ベルギー，イタリアなどでもクォータ制が導入されるようになった。

Catalyst（2015）によれば，女性役員が多い企業ほど，業績が良いとされる。取締役会に女性が多いほど，より幅広い洞察，見方，経験がもたらされ，意思決定が改善されるので，企業の業績に良い効果をもたらすという。

日本でもジェンダー平等に向けてクォータ制が議論されつつあり，ノルウェーの事例は，示唆に富んでいる。

(4) 日本企業におけるジェンダー平等実現に向けた課題と取り組み

日本企業におけるジェンダー平等を実現するために，どのような課題と取り組みがあるだろうか。海外の事例も参考にしながら，ジェンダー平等実現に向けた施策について検討する。

第1に，日本でも女性管理職の育成など女性のキャリア開発に積極的に取り組むことが重要である。海外の事例として取り上げたように，ノルウェーで導入されたクォータ制などの導入も有効であるだろう。ただし，それには社会的コンセンサスが不可欠であるだろう。

日本では，2015年に女性の職業生活における活躍の推進に関する法律（通称「女性活躍推進法」）が制定され，2016年より施行された。女性活躍推進法によれば，国・地方公共団体，301人以上の大企業は，①自社の女性活躍に関する状況把握・課題分析，②数値目標と取り組みを盛り込んだ行動計画の策定・届出・周知・公表，③女性の活躍に関する情報の公表を行わなければならない。なお，2019年に女性活躍推進法は改正され，2020年6月より段階的に施行されている。主な改正内容は，①一般事業主行動計画の策定義務の対象拡大，②女性活躍に関する情報公表の強化，③特例認定制度（プラチナえるぼし）の創設となっている。こうした動きの中で，女性管理職の育成など女性活躍の取り組みが推進されている。

最近では，グローバル化，情報化，技術革新，規制緩和などが進展する現

在，企業を取り巻く環境も激変しており，もはや1つの企業内だけでその人材の専門技能やキャリアを開発することは不可能になりつつあるだろう。そうした意味で，産学官連携の女性のキャリア開発は急務である。大学以前の初等・中等教育など早期の女性のキャリア教育も一層重要であるだろう。

第2に，M字型カーブを解消すべく女性たちが長く働き続けられるように，ワーク・ライフ・バランスの実現に向けての施策や制度を整備することが不可欠である。そのためには，男女ともに働き方そのものの見直しも必要であるだろう。1995年より育児・介護休業法が施行され，2021年6月に育児・介護休業法が改正され，2022年4月から段階的に施行されている。今回の改正では，男性の育児休業取得促進のための柔軟な育児休業の枠組みの創設や雇用環境整備，育児休業の分割取得が検討された。

また，2019年から働き方改革関連法（働き方改革を推進するための関係法律の整備に関する法律）が施行された。同法では，ダイバーシティの推進，長時間労働の是正，多様で柔軟な働き方の実現，雇用形態に関わらない公正な待遇の確保などの措置が講じられている。

このように，日本でも働き方が大きく変わりつつあるので，ワーク・ライフ・バランス実現に向けた環境整備を一層推進する必要がある。

第3に，非正規従業員の多くが女性であるので，ジェンダー平等の視点から非正規と正規の均等待遇を目指すことが大切である。

2020年4月よりパートタイム・有期雇用労働法（中小企業は2021年4月より施行）および労働者派遣法が改正され，施行された。改正の内容は，①不合理な待遇差の禁止，②労働者に対する待遇に関する説明義務の強化，③裁判外紛争解決手続き（行政ADR）の整備である。このように，同一企業内における正規従業員と非正規従業員との間の不合理な待遇の格差の解消によって，多様で柔軟な働き方を選択できるような法整備が進められている。

欧州では，オランダを中心にパートタイムとフルタイムの均等待遇に配慮し，フレキシキュリティ，すなわち柔軟性と保障が両立するモデルが一般化している。フレキシキュリティ（flexicurity）とは，フレキシビリティ（flexibility）

第Ⅱ部
組織・人的資源管理

とセキュリティ（security）の2つの用語を結びつけた造語である。つまり，柔軟性と保障を両立し，それを実現していくという，現在では欧州で主流となっている考え方である。したがって，日本にとってもフレキシキュリティの概念はとても示唆に富んでいる。

3. ▶ ディーセント・ワークの視点

(1) ディーセント・ワークの概念

　SDGsの目標8は，包摂的で持続可能な経済成長およびすべての人々の完全で生産的な雇用とディーセント・ワークを促進することである。ディーセント・ワークは，持続可能な開発にとって鍵となる概念である。

　ディーセント・ワーク（decent work）とは，ILO（International Labour Organization：国際労働機関）が提唱する概念である。1999年のILO憲章の中で「男性にとっても，女性にとっても，自由，平等，社会保障，人権の面で，ディーセントで生産的な仕事の機会を促進することがILOの目標である」と述べている。ディーセント・ワークは，「一定水準の仕事」，「きちんとした仕事」であり，「誇りのもてる仕事」，「働きがいのある仕事」，「人間らしい仕事」と意訳することができるだろう。図表4－5のように，ディーセント・ワークの構成要素には，雇用，仕事における権利，社会保障，社会対話がある（Ghai 2002; 2003; 2005; 2006）。そして，これら4つの構成要素は相互に関連・作用している。したがって，ディーセント・ワークの実現には，働く機会，生計を立てるのに十分な収入，労働三権，すなわち団結権，団体交渉権，団体行動権，そして安全な職場環境，ワーク・ライフ・バランス，男女平等・公正な待遇，雇用保険，医療・年金制度等が必要であるとされる。

　ディーセント・ワークでない例としては，貧困層の問題，いわゆるワーキング・プア，開発途上国の労働，児童労働，労働搾取，若年労働者の失業問題，先に考察したジェンダー平等にも関連するが，雇用における男女格差，

104

図表4-5　ディーセント・ワークの構成要素

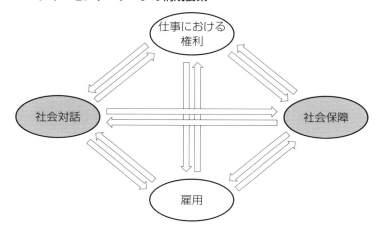

出所：Ghai（2006）より一部修正のうえ，筆者作成

障がい者雇用などが挙げられる。ILOは，特に障がい者に焦点をあてており，2014年から2017年にかけてディスアビリティ・インクルージョン（disability inclusion）の戦略とアクション・プランを策定している。

したがって，本章ではディーセント・ワークの視点から障がい者雇用について考察する。

(2) 日本企業における障がい者雇用の現状

障がいのある人の就労・雇用の推進は，世界的趨勢である。世界保健機関（World Health Organization：WHO）によれば，世界人口の約15％，約13億人は障がいがあると推定されている（WHO 2023）。その約80％は，生産年齢人口であるといわれている（ILO 2015a; 二神 2016; WHO 2023）。しかしながら，障がいのある人々がディーセント・ワークをもつ権利はしばしば否定されている（ILO 2015a; 2015b）。

国際的にみると，日本企業における障がい者雇用には大きな遅れがみられている。後に詳しく述べるように，日本の障がい者の雇用比率は23.0％で，

第Ⅱ部
組織・人的資源管理

図表4-6　民間企業における障がい者の雇用状況　実雇用率と雇用される障がい者の数の推移

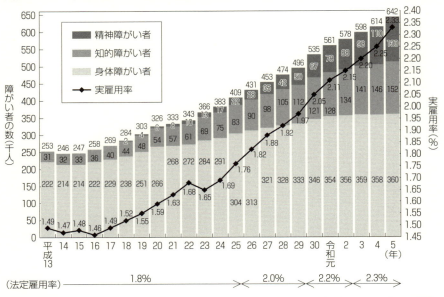

注1：雇用義務のある企業（平成24年までは56人以上規模，平成25年から平成29年までは50人以上規模，平成30年は45.5人以上規模の企業）についての集計である。

注2：「障がい者の数」とは，次に掲げる者の合計数である。

平成17年まで	身体障がい者（重度身体障がい者はダブルカウント） 知的障がい者（重度知的障がい者はダブルカウント） 重度身体障がい者である短時間労働者 重度知的障がい者である短時間労働者	平成23年以降	身体障がい者（重度身体障がい者はダブルカウント） 知的障がい者（重度知的障がい者はダブルカウント） 重度身体障がい者である短時間労働者 重度知的障がい者である短時間労働者 精神障がい者 身体障がい者である短時間労働者 （身体障がい者である短時間労働者は0.5人でカウント） 知的障がい者である短時間労働者 （知的障がい者である短時間労働者は0.5人でカウント） 精神障がい者である短時間労働者（※） （精神障がい者である短時間労働者は0.5人でカウント）
平成18年以降 平成22年まで	身体障がい者（重度身体障がい者はダブルカウント） 知的障がい者（重度知的障がい者はダブルカウント） 重度身体障がい者である短時間労働者 重度知的障がい者である短時間労働者 精神障がい者 精神障がい者である短時間労働者 （精神障がい者である短時間労働者は0.5人でカウント）		

※平成30年は，精神障がい者である短時間労働者であっても，次のいずれかに該当する者については，1人分とカウントしている。
　①平成27年6月2日以降に採用された者であること
　②平成27年6月2日より前に採用された者であって，同日以後に精神障害者保健福祉手帳を取得した者であること

注3：法定雇用率は平成24年までは1.8％，平成25年4月以降平成29年までは2.0％，平成30年4月以降は2.2％，令和3年以降は2.3％となっている。

出所：厚生労働省（2023）「障害者雇用状況の集計結果」より筆者作成

フィンランドの61.0％と比較すると，かなり低い。

　日本の障がい者雇用政策は，障害者雇用促進法に基づいて進められている。

第4章
サステナブル人的資源管理の 課題と展望

同法によると，一般の民間企業に適用される法定雇用率は2024年度から2.5％（国・地方公共団体2.8％，教育委員会は2.7％），2026年度から2.7％（国・地方公共団体3.0％，教育委員会は2.9％）と段階的に引き上げられる。

2023年の日本における雇用障がい者数は，642,178人となっている（**図表4-6**）。雇用者のうち，身体障がい者は360,157.5人，知的障がい者は151,722.5人，精神障がい者は130,298.0人であり，いずれも増加しつつある。特に精神障がい者の伸び率が大きい。しかし，法定雇用率を達成している日本企業は全体の約半分（50.1％）に過ぎず，一般企業に雇用される障がい者は非常に少ない（2023年現在）（**図表4-6**）。

福祉的就労に関していえば，工賃は極めて低く，令和4年度の就労継続支援B型事業所の平均工賃は月額約17,000円とされる。就労移行支援において障がい者への職業訓練を行っているが，福祉的就労から一般就労への移行は年間1％程度とされる（二神・村木 2017）。

このように，障がい者の低い報酬，一般就労につながらない職業訓練，働きがいのある仕事に就けない実情を検討するならば，日本における障がい者の雇用・就労支援は，ディーセント・ワークの視点から緊急の課題であるだろう。

(3) ▎海外の事例—フィンランドにおける障がい者の雇用・就労支援—

フィンランドでは，15～64歳の障がい者のうち，雇用されている比率は61.0％であり，日本の23.0％と比較すると，かなり高い（Eurostat 2014; Futagami and Kettunen 2022）。フィンランドでは，ソーシャル・ファーム等によって，障がい者等社会的弱者の就労支援が積極的に行われている（Ministry of Social Affairs and Health of Finland 2021; 二神 2020a）。

したがって，ここでは，日本企業における障がい者の雇用・就労支援に向けた施策の参考にするために，フィンランドにおける障がい者の雇用・就労支援の事例を検討する。

フィンランドでは，生産年齢人口の約7％の約24万人が障がい給付を受け

取っている。約60万人は，障がいや病気が仕事や就業機会に影響を与えると考えている。しかし，最近フィンランドでは「障がいのある人」という表現よりも，「部分的な仕事能力のある人」という表現をしている（Futagami and Kettunen 2022）。そして，フィンランドでは障がいのある人の十分ではない仕事能力をソーシャル・ファーム等におけるコーチングやメンタリング等の人材開発や職業訓練によって高め，就労につなげる試みがなされているのである。

　フィンランドをはじめ欧州では，シェルタード・ワークからソーシャル・ファームへの移行が趨勢となっている（European Commission 2019; Ministry of Social Affairs and Health of Finland 2021）。ソーシャル・ファームとは，働くのが困難である人々の就労を支援するという目的を達成するために，社会に付加価値を創造し，事業収益を主な財源として運営される社会的企業を指す（二神 2020a）。働くのが困難である人々には，障がい者，難病患者，高齢者，シングルマザー，引きこもりの若者，刑務所出所者，ホームレス，長期失業者などが含まれる。1972年にイタリアのトリエステで精神疾患患者が就労する場として精神科医バザーリアが設立したフランコバザーリア労働者協同組合（Coopertiva Lavoratori Uniti Franco Basaglia：CLU）が，ソーシャル・ファームの始まりとされる。

　なお，2003年フィンランドで制定されたソーシャル・エンタープライズ法によれば，ソーシャル・ファームは，従業員の少なくとも30％がターゲット・グループに所属するという条件を満たさなければならない。ターゲット・グループには，障がい者，長期疾病者，長期失業者の3つのカテゴリーがある（二神 2020a）。

　本章のコラムでは，フィンランドにおけるソーシャル・ファームによる障がい者就労支援の好事例であるILONAプロジェクトについて検討する（詳しくはコラム参照）。ILONAプロジェクトでは，障がいのある人々の潜在的な仕事能力を開発する試みがなされている。その意味で，日本にとって大変示唆に富むモデルとなっている。

（4）　日本企業における障がい者の雇用・就労推進に向けた課題と取り組み

　日本企業における障がい者の雇用・就労を推進するために，どのような課題と取り組みがあるだろうか。海外の事例も参考にしながら，障がい者の雇用・就労推進に向けた施策について検討する。

　第1に，障がい者の雇用や人材開発について合理的配慮がなされ，差別がないこと，ディーセント・ワークの実現の視点から障がい者雇用を推進することが不可欠である。

　第2に，障がい者の雇用・人材開発が，企業内のみならず，地域の特別支援学校や大学，就労支援機関，医療機関など就労支援クラスターとの連携によって，ディーセント・ワークの視点から進められることが，極めて重要である。ソーシャル・ファームや大学，行政，非営利組織等が連携しながら，就労支援クラスターを形成している点で，フィンランドの事例は参考になる。

　第3に，障がい者の雇用・人材開発は，リターン・ツー・ワーク（Return to Work：RTW）など職場復帰支援や職場の安全・健康管理といったディスアビリティ・マネジメントの他の領域との関連づけも欠かせない。健康な人であっても長い人生においていつ病気や障がいをもつようになるかわからない。企業も健康な人が病気を予防し，たとえ病気や障がいをもっても職場に復帰できるように，ディーセント・ワークの視点から従業員をマネジメントすることが大切になっている。

4.　▶ ダイバーシティ＆インクルージョンの視点

（1）　ダイバーシティの概念

　SDGsの目標10は，各国内および各国間の不平等を是正することである。特に目標10-2では，2030年までに，年齢，性別，障がい，人種，民族，出自，宗教，経済的地位，その他の状況に関わりなく，すべての人々のエンパワー

第Ⅱ部
組織・人的資源管理

メントと社会的・経済的・政治的な包摂を促進することを目指している。人々がそのダイバーシティ（多様性）を認め合い，インクルージョン（包摂）されて共生・協働できる社会をつくっていくことは，今日グローバルに共鳴されている最優先課題となっている。このように，ダイバーシティとインクルージョンの概念は，SDGsにおいてもコア概念となっている。

　ダイバーシティ（diversity）とは，人種，民族，国籍，ジェンダー，年齢，身体的能力，宗教，文化，価値観等，人々の多様性を指している（Dessler 2001; 二神 2020a; 2020b）。また，人的資源管理協会（the Society for Human Resource Management：SHRM）によると，ダイバーシティとは，個人的特徴，組織的特徴，価値観，信念，経験，生い立ち，嗜好，行動特性等，人々の相違を指している。なお，ダイバーシティは，目にみえる特性と目にみえない特性に大別できるとされる。つまり，ダイバーシティというと，人種，民族，年齢，身体的能力など目にみえる特性が強調されがちであるが，教育，経済・社会的地位など目にみえない特性も含まれている（二神 2020a; 2020b）。

　ダイバーシティとは生まれながらの属性的なものだけではなく，その後の人生において形成され，働いている組織によって身につくような多様性も含んでいる（二神 2020a; 2020b）。**図表4-7**は，ダイバーシティの車輪（diversity wheel）である。ダイバーシティの車輪の概念によれば，ダイバーシティには4つの次元がある（Loden and Rosener 1991）。それは，パーソナリティ，内的次元，外的次元，組織的次元の4つである。ダイバーシティの車輪では，内的次元において身体的能力のみが取り上げられているが，現在，知的障がいや精神障がいといった障がいの多様性にも言及し，配慮する必要がある（二神 2020a; 2020b）。今日では，LGBT（Lesbian, Gay, Bisexuality, Transgender）も重要なテーマであり，関心も高い（二神 2020a; 2020b）。ダイバーシティの車輪モデルの有益な点は，個人と組織の両方の次元を含んでいる点である。ダイバーシティの内的次元は，すでに注目されており，ダイバーシティ・プログラムの中でもある程度成功している

図表4-7 ダイバーシティの車輪

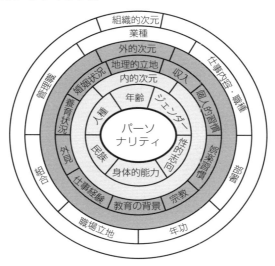

出所：Loden and Rosener（1991）より筆者作成

　が，外的次元，および組織的次元は，人々の待遇や昇進・教育機会等人的資源管理施策を実行する際に，示唆に富む（二神 2020a; 2020b）。組織的次元には，業種，仕事内容・職種，職場の立地などがあるが，それら以外にも，雇用形態も挙げられるだろう（二神 2020a; 2020b）。

　ダイバーシティは，組織にポジティヴな成果を導くとされる。まず，Carter et al.（2003）は取締役会のダイバーシティと企業価値との関連性について分析を行っている。取締役会のダイバーシティとは，取締役会における女性，アフリカ系アメリカ，アジア，ヒスパニックの比率として定義されている。それによると，取締役における女性やマイノリティの比率が高くなればなるほど，企業価値が上がるという分析結果を導いている。McKinsey & Company（2012）の分析によれば，取締役会におけるジェンダー・ダイバーシティ，すなわち，取締役会に占める女性比率が高い企業の方が，女性がいない企業に比べて利益率が高いことが明らかになっている。女性管理職

比率の高い企業の方がそうでない企業よりも有意に収益性が高いことも明らかになっている（Futagami 2010; 二神・村木 2017; Futagami and Helms 2017a; 2017b）。

そして，Backes-Gellner and Veen（2013）は，職場における年齢ダイバーシティが，イノベーティヴな企業において，企業の生産性にポジティヴな効果を与えることを明らかにしている。

さらに，Buengeler and Hartog（2015）は，国籍ダイバーシティがチームの業績にどのような効果を与えるのかを検証し，公平な風土があるところでは，国籍ダイバーシティがチームの業績にポジティヴな効果をもたらすということを指摘している。

Farndale et al.（2015）は，ジェンダー・ダイバーシティ，年齢ダイバーシティ，国籍ダイバーシティの3つの視点を提示している。そして，この3つのダイバーシティのレンズを通して，その課題を探究している。

このように，ジェンダー，年齢，国籍，人種のようなダイバーシティを導入する企業の方が収益性は高くなることが示唆されている。

なお，Jonsen et al.（2019）は，フランス，ドイツ，スペイン，英国，米国企業への調査結果から，全体の65％が障がいをダイバーシティの重要な次元として捉え，障がいのある人のインクルージョンを促進するような具体的施策を実施することで，働きたい企業として選ばれるのに有利になっているとしている。

(2) インクルージョンの概念

インクルージョン（inclusion）とは，社会の一員であると感じること，ありのままの自分が尊重され，評価されていると感じること，自分が最善を尽くすことができるような他の人からの支持力や貢献度を感じることをいう（Miller and Katz 2002）。また，人的資源管理協会（SHRM）によれば，インクルージョンとは，すべての個人が公平に処遇され，尊重され，機会と資源を手に入れる平等な権利をもっており，組織の成功に十分貢献できるような仕事環

境が実現されていることであるとされる。

　Shore et al.（2011）は，Brewer（1991）による最適弁別性理論に基づいて，インクルージョンの概念と理論的フレームワークを提示している。それによると，インクルージョンとは，帰属欲求や自分らしさへの欲求を満たすように処遇されることによって，従業員が職場集団の一員として尊重されていると認知する度合いであるとされる（二神 2020b）。Shore et al.（2011）は，独自性（uniqueness）と帰属性（belongingness）によるマトリクスによって理論的フレームワークを提示している。**図表4-8**のように，独自性と帰属性の両方が高いセルにおいて，人は職場集団の内部者として扱われ，独自性（自分らしさ）をもち続けることを認められ，奨励されるし，その状況がインクルージョンという感情を作り出しているという（Shore et al. 2011）。

　そして，Shore et al.（2011）は，**図表4-9**で示されるように，職場集団へのインクルージョンに関する従業員認知の先行要因として，インクルージョン風土，インクルーシブ・リーダーシップ，インクルージョン施策を提示している。さらに，成果として，職務満足，定着，職務業績，ウェル・ビーイング，創造性などを提案している。

図表4-8　インクルージョンの理論的フレームワーク

	低い帰属性	高い帰属性(belongingness)
独自性に 低い価値	排他 (exclusion)	同化 (assimilation)
独自性 (uniqueness) に高い価値	差異化 (differentiation)	インクルージョン (inclusion)

出所：Shore et al.（2011）より筆者作成

図表4-9　インクルージョンの先行要因と成果

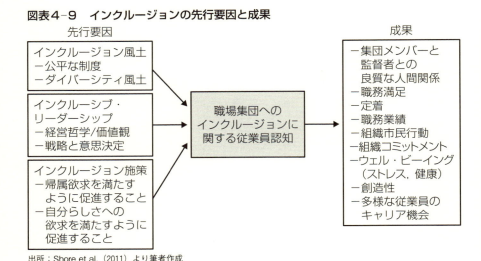

出所：Shore et al.（2011）より筆者作成

　このように，ダイバーシティが多様性それ自体を強調しているのに対して，インクルージョンは，その多様性を認め，受容するのと同時に，人々が共生し，包摂される存在だという基本的な考え方に重きを置く点において，より先進性がある（二神 2020a; 2020b）。Roberson et al.（2003）とRoberson（2006）によれば，ダイバーシティが一人ひとりの違いに焦点をあてているのに対して，インクルージョンはすべての従業員の参加と関与を増やすことを目的としているといえる。

(3) 日本企業におけるダイバーシティ&インクルージョン推進に向けた課題と取り組み

　企業がダイバーシティ&インクルージョン（Diversity & Inclusion：D&I）を推進することによって，従業員の高い職務満足，ウェル・ビーイング，業績，定着，イノベーションなどを導くことから，最近D&Iが経営戦略の1つとしても注目されている。現在，公平性（Equity）の視点も導入し，DE&I（Diversity, Equity & Inclusion）を推進する企業も多い。

　日本企業においても，経営戦略の1つとしてD&Iを導入するようになっ

ている。今後の課題と取り組みについて検討したい。

　ジェンダー・ダイバーシティについては，ジェンダー平等の視点で述べた
とおりであり，日本企業が取り組むべき課題も多い。今日では，LGBTQも
重要なテーマである。

　ディスアビリティ・インクルージョンについても，ディーセント・ワーク
の視点で述べたとおり，日本企業では障がい者の雇用に多くの課題がある。

　雇用形態のダイバーシティ，すなわち，非正規雇用についても，日本企業
では非正規の多くが女性であることから，ジェンダー平等の視点で述べたと
おり，さまざまな課題が残されている。

　年齢ダイバーシティについては，人生100年時代を迎える中，高齢者のリ
スキリング，モティベーションの向上，健康管理が日本企業にとって重要な
課題である。

　国籍ダイバーシティについては，日本企業は長期的視点から外国人労働者
の雇用に取り組む必要がある。本章では最近，特に注目される外国人労働者
の雇用について考察する。

　日本における外国人労働者数は，2023年10月時点で2,048,675人，外国人を
雇用する事業所数は318,775所であり，2022年10月末時点（1,822,725人，
298,790所）に比べると，225,950人，19,985所増加している（図表4-10）。
外国人労働者数および外国人を雇用する事業所数ともに，届出が義務化され
た2007年以降，過去最高を更新している。外国人労働者数の対前年増加率は，
12.4％と前年5.5％から6.9ポイント上昇，事業所数で6.7％と前年4.8％から1.9
ポイント上昇している。産業別外国人労働者数をみると，製造業が最も多く，
全体の27.0％を占める。対前年増加率をみると，建設業が24.1％となっている。
国籍別外国人労働者数では，ベトナムが最も多く518,364人（全体の25.3％）
であり，次いで中国397,918人（同19.4％），フィリピン226,846人（同11.1％）
の順となっている。在留資格別外国人労働者数は，「身分に基づく在留資格」
が最も多く615,934人（全体の30.1％）であり，次いで，「専門的・技術的分
野の在留資格」が595,904人（同29.1％），「技能実習」が412,501人（同20.1

図表4-10　在留資格別外国人労働者数の推移

出所：厚生労働省（2024）「「外国人雇用状況」の届出状況まとめ」より筆者作成

％）となっている。特に前年比では「専門的・技術的分野の在留資格」が115,955人（24.2％）と最も増加している。「専門的・技術的分野の在留資格」のうち，「特定技能」の外国人労働者数が138,518人（前年比で59,464人（75.2％）増加）となっている。

　こうした日本における外国人労働者数増加の背景には，入管法（出入国管理及び難民認定法）の改正があるといえる。2019年の入管法改正によって，在留資格である「特定技能」が新たに創設され，人手不足が深刻化していた産業分野で即戦力となる外国人を雇用できるようになった。さらに，2023年4月から特別高度人材制度が導入され，留学生の就職活動が可能な「特定活動46号」が創設されるなど，外国人の受け入れ体制が拡大されてきている。

　フランスやドイツ等と比較すると，日本は外国人労働者受け入れの歴史をさほどもっていない。例えば，フランスは移民受け入れの長い伝統がある。移民たちが，第二次世界大戦前はポーランド，イタリアから，大戦後はイタリア，ポルトガル，スペインから，次いで北アフリカ，ベトナム，サハラ以南のアフリカ諸国から押し寄せた。最近では，シリア内戦，中東やアフリカ

諸国のトラブルによって流入する大量移民の問題に直面している。現在，フランスでは高い失業率を悪化させないためにも，移民抑制政策が講じられている（二神 2020a）。こうしたフランスの歴史は日本にとっても参考になる。これから日本企業も，外国人の雇用に長期的視点から慎重に取り組む必要がある。

Buengeler and Hartog（2015）の先行研究が明らかにするように，国籍ダイバーシティが企業の業績にポジティヴな効果をもたらすということを指摘しているが，その前提には公平な企業風土があることが不可欠である。その意味で，日本企業における外国人労働者たちが職場でその多様性（ダイバーシティ）を発揮し，包摂（インクルージョン）されているかについては課題も残されている。

帝国データバンク（2024）「外国人労働者の雇用・採用に対する企業の動向調査」の結果によれば，外国人労働者を雇用する際の課題として，「スキルや語学などの教育」（55.1％）と「コミュニケーション」（55.0％）が上位に挙げられている。外国人労働者の多様性（ダイバーシティ）を活用し，包摂（インクルージョン）するには，**図表 4 - 8** で示したように，彼（彼女）らの帰属欲求や自分らしさの欲求を満たすように，文化や語学面でのサポートや教育を行うとともに，その個性や独自性を活かせるような採用，人材配置，人材開発や賃金管理も重要であるだろう。

5. ▶ 今後の展望
―社会的価値と経済的価値の両立に向けて―

企業の利益追求という経済的価値と人間社会の幸福という社会的価値を両立することこそ，これからの日本企業の最大のテーマでもある。これまで日本企業は経済性を追求することで，働く人々の格差を生み出してきたことも否めない（二神 2023）。男性と女性，健常者と障がい者，日本人と外国人，正規と非正規，若年者と高齢者といった人々の格差である。

本章では，サステナブル人的資源管理についてジェンダー平等，ディーセ

ント・ワーク，ダイバーシティ＆インクルージョンの3つの視点から日本企業の課題について考察してきた。本章で検討したように，すべての多様な人々が包摂され，ディーセント・ワークを促進し，共生・協働することによって，社会的価値の達成のみならず，経済的価値の新たな達成のあり方につながっていくと展望できるだろう。

参考文献

上林憲雄（2022）「経営学の学的展開とSDGs」上林憲雄・小松章編著『SDGsの経営学：経営問題の解決へ向けて』千倉書房，pp.3-22。

厚生労働省（2023）「障害者雇用状況の集計結果」12月22日。

厚生労働省（2024）「「外国人雇用状況」の届出状況まとめ」1月26日。

帝国データバンク（2024）「外国人労働者の雇用・採用に対する企業の動向調査」。

内閣府（2023）『男女共同参画白書　令和5年版』。

二神恭一・二神常爾・二神枝保（2017）『障害者雇用とディスアビリティ・マネジメント』中央経済社。

二神枝保（2016）「障がい者雇用に関する一研究：就労支援クラスター「かながわモデル」の視点からの分析」『横浜経営研究』37（1），pp.13-28。

二神枝保編著（2020a）『雇用・人材開発の日欧比較：ダイバーシティ＆インクルージョンの視点からの分析』中央経済社。

二神枝保（2020b）「ダイバーシティ＆インクルージョン（D&I）の視点からの戦略的人材開発（SHRD）：理論的フレームワークに関する一研究」『しごと能力研究』（8），pp.25-39。

二神枝保（2023）「書評：上林憲雄・小松章編著『SDGsの経営学：経営問題の解決へ向けて』」『国民経済雑誌』227(5)，pp.179-184。

二神枝保・チンテザ，アンドレア コリナ（2023）「フィンランド，ソーシャル・ファームにおける障がい者の就労支援：障がい者の仕事能力，インクルージョン，ウェル・ビーイング」『日本労務学会全国大会報告集』pp.1-8。

二神枝保・村木厚子編著（2017）『キャリア・マネジメントの未来図：ダイバーシティとインクルージョンの視点からの展望』八千代出版。

Backes-Gellner, U., and S. Veen (2013) Positive Effects of Aging and Age Diversity in Innovative Companies: Large-scale Empirical Evidence on Company Productivity, *Human Resource Management Journal,* 23(3), pp.279-295.

Brewer, M.B. (1991) The Social Self: On Being the Same and Different at the Same Time, *Personality and Social Psychology Bulletin,* 17, pp.475-482.

第4章
サステナブル人的資源管理の 課題と展望

Buengeler, C., and D.N. Den Hartog (2015) National Diversity and Team Performance: The Moderating Role of Interactional Justice Climate, *The International Journal of Human Resource Management*, 26(6), pp.831-855.

Carter, D.A., B.J. Simkins, and W.G. Simpson (2003) Corporate Governance, Board Diversity, and Firm Value, *The Financial Review*, 38(1), pp.33-53.

Catalyst (2015) *Catalyst Census: Women Board Directors*, New York: Catalyst.

Dessler, G. (2001) *A Framework for Human Resource Management*, Prentice Hall.

European Commission (2019) Social Enterprises and Their Ecosystems in Europe, Updated Country Report: Finland, Author: H. Kostilainen, Luxembourg: Publications Office of the European Union.

Eurostat (2014) Situation of People with Disabilities in the EU, News Release 184/2014.

Farndale, E., M. Biron, D.R. Biscoe, and S. Raghuram (2015) A Global Perspective on Diversity and Inclusion in Work Organizations, *The International Journal of Human Resource Management*, 26(6), pp.677-687.

Futagami, S. (2010) Non-Standard Employment in Japan: Gender Dimensions, *International Institute for Labour Studies*, International Labour Office, 200, pp.1-20.

Futagami, S., and M.M. Helms (2017a) Can Women Avoid the Rice Paper Ceiling?: A SWOT Analysis of Entrepreneurship in Japan, *SAM Advanced Management Journal*, 82 (2), Spring, pp.40-52.

Futagami, S., and M.M. Helms (2017b) Employment Challenges in Japan: Age and Gender Dimensions, *Japan Studies Review*, XXI, pp.51-67.

Futagami, S., and E. Kettunen (2022) Employment and Human Resource Development of Disabled People in Japan and Finland: A Comparative Study from the Perspective of Diversity, Inclusion, and Decent Work, In *Sustainable Development in Asia*, eds. Andreosso-O'Callaghan, B., S. Rey, and R. Taylor, pp.31-53, Cham: Springer Nature.

Ghai, D. (2002) Decent Work: Concepts, Models and Indicators, Discussion Paper No.139, International Institute for Labour Studies (IILS), International Labour Office (ILO).

Ghai, D. (2003) Decent Work: Concept and Indicators, *International Labour Review*, 142(2), pp.113-145.

Ghai, D. (2005) Decent Work: Universality and Diversity, Discussion Paper No.159, International Institute for Labour Studies (IILS), International Labour Office (ILO).

Ghai, D. (2006) *Decent Work: Objectives and Strategies*, International Labour Office (ILO).

ILO (2015a) *Disability Inclusion Strategy and Action Plan 2014-2017*, International Labour Office (ILO), Geneva.

ILO (2015b) *Decent Work for Persons with Disabilities: Promoting Rights in the Global Development Agenda*, International Labour Office (ILO), Geneva.

Jonsen, K., S. Point, E.K. Kelan, and A. Grieble (2019) Diversity and Inclusion Branding: A

Five-country Comparison of Corporate Websites, *The International Journal of Human Resource Management,* February, pp.2-34.

Knappskog, T. (2017) Gender, Diversity, Work Life Balance and Social Policies in Norway, Presented at the 2017 WIN Pre-conference, Royal Norwegian Embassy Tokyo.

Loden, M., and J.B. Rosener (1991) *Workforce America: Managing Employee Diversity as a Vital Resources,* Irwin Publishing.

McKinsey & Company (2012) Women Matter: An Asian Perspective.

Miller, F.A., and J.H. Katz (2002) *The Inclusion Breakthrough: Unleashing the Real Power of Diversity,* Berrett-Koehler Publishers, Inc.

Ministry of Social Affairs and Health of Finland (2021) Services and Support for People with Disabilities.

Roberson, L., C. Kulik, and M. Pepper (2003) Using Needs Assessment to Resolve Controversies in Diversity Training Design, *Group and Organization Management,* 28(1), pp.148-174.

Roberson, Q.M. (2006) Disentangling the Meaning of Diversity and Inclusion in Organizations, *Group & Organization Management,* 31(2), pp.212-236.

Sachs, J.D., C. Kroll, G. Lafortune, G. Fuller, and F. Woelm (2021) *Sustainable Development Report 2021: The Decade of Action for the Sustainable Development Goals,* Cambridge University Press.

Shore, L.M., A.E. Randel, B.G. Chung, M.A. Dean, K.H. Ehrhart, and G. Singh (2011) Inclusion and Diversity in Work Groups: A Review and Model for Future Research, *Journal of Management,* 37(4), pp.1262-1289.

Siltavalmennus (2020) Social Entrepreneurship as a Path to Meaningful Work.

United Nations (2015) *Transforming Our World: The 2030 Agenda for Sustainable Development.*

WHO (2023) Disability, Fact Sheets, Newsroom 7 March 2023, World Health Organization.

World Economic Forum (2024) *The Global Gender Gap Report 2024.*

コラム4
フィンランドのILONAプロジェクト

コラム4 フィンランドのILONAプロジェクト

　ILONAプロジェクトとは，フィンランドのソーシャル・ファームであるヘルシンキ・メトロポリタン地域再利用センター（Helsinki Metropolitan Area Reuse Centre），そのパートナーであるシルタ・ヴァルメンヌス（Silta-Valmennus），ディアコニア応用科学大学（Diaconia University of Applied Sciences），フィンランド国立労働衛生研究所（Finnish Institute of Occupational Health），フィンランド国立保健福祉研究所（Finnish Institute for Health and Welfare），そしてVates財団によって企画・運用されているもので，欧州社会基金（European Social Fund：ESF）もこれを助成している（Futagami and Kettunen 2022; 二神・チンテザ 2023）。

　ILONAプロジェクトは，障がいのある人々がやりがいのある人間らしい仕事ができるキャリア・パスとして，ソーシャル・ファームや社会起業家のモデルを発展させるという目的をもっている。

　ヘルシンキ・メトロポリタン地域再利用センターは，家電や衣類などのリサイクルを事業内容としている。ターゲット・グループには，障がい者や長期失業者がおり，約100名の従業員が働く。ヘルシンキ市の援助を受けており，市の元清掃工場を利用している。ヘルシンキ・メトロポリタン地域再利用センターでは，障がいのあるドライバーを対象に採用イベントが2つの企業と共同で開催された。障がいのある人々にとって有効な職業訓練を実施し，彼（彼女）らの仕事能力を高め，就業機会を拡大することに成功している。

　タンペレ市のシルタ・ヴァルメンヌスは，職業訓練，リハビリテーションを事業内容としている。ターゲット・グループには，障がい者，長期失業者，犯罪者，麻薬中毒者，不登校者がいる。毎日約350〜400名の職業訓練を実施し，約8割が職業訓練の後に就業に移行する。約60名の専門家も働いており，職業訓練の水準も高い。このように，シルタ・ヴァルメンヌスは障がい者の就業移行にも貢献している。将来的には，シルタ・ヴァルメンヌスによって，タンペレ市周辺の高齢者介護に障がい者たちが就業できるような職業訓練を組織化することを計画している

第Ⅱ部
組織・人的資源管理

(Siltavalmennus 2020)。

　ILONAプロジェクトでは，就労支援を受けている障がい者の意識や行動について分析している。それは，フィンランド国立労働衛生研究所によって開発された能力指標（Abilitator：Kykyviisari）によって評価されている。能力指標は，質問票を用いて障がい者の認知するインクルージョン，ウェル・ビーイング，仕事能力，スキル等を評価する。

　フィンランド国立労働衛生研究所では長年にわたり，心理学者，精神分析の医師，人間工学者，理学療法士等専門家たちの知見によって障がい者の能力指標を開発してきた。能力指標は，インクルージョン，ウェル・ビーイング，マインド，仕事能力，スキル，日常生活，身体機能等の要素から構成されている。特筆すべきは，質問票の文章理解や認知に困難がみられるような知的障がい，精神障がい，発達障がいといった障がいの多様性やレベルに応じて能力指標が開発されている点である（二神・チンテザ 2023）。それでも文章を理解するのが困難な障がい者は，専門カウンセラーが手伝うことで質問票に回答する。最近では，フィンランドへの移民の増加に伴い，フィンランド語以外の言語による能力指標も開発されている。日本語版についても筆者らによって開発された能力指標がフィンランド国立労働衛生研究所のホームページに掲載されている（https://www.ttl.fi/en/themes/tyohyvinvointi-ja-tyokyky/tyokyky/the-abilitator）。

　ILONAプロジェクトのコーチング開始時と終了時の障がいのある回答者のインクルージョン，マインド，日常生活，スキル，身体機能等を比較すると，すべての項目において数値が上昇している。特に，インクルージョンに著しい上昇がみられている。したがって，障がい者へのコーチングや職業訓練の効果がみられていることがわかった（二神・チンテザ 2023）。

　ILONAプロジェクトは，以下3つの点から日本にとって示唆に富んでいるといえるだろう。

　まず第1に，ILONAプロジェクトの事例から明らかになったのは，障がいのある人々がディーセント・ワークを実現するには，ソーシャル・ファームや大学，行政，非営利組織等が連携しながら，就労支援クラスターを形成することが重要であるという点である。就労支援クラスターとは，障がいのある人の仕事能力の形成・向上とエンプロイアビリティの構築・向上のための，地域のさまざまなエージェン

トの連携である（二神 2016; 二神恭一ほか 2017）。障がい者の就労は，各組織が単独で進めても成果が上がらない。むしろ各組織がネットワークで結ばれ，ベクトルを合わせることにより，初めて成果が上がるといえる。この点は，これからの日本の障がい者雇用政策にとって大変参考になるだろう。

第2に，フィンランドでは「障がいのある人」ではなく，「部分的な仕事能力のある人」という表現をしていることから，ILONA プロジェクトでは仕事能力に注目し，障がい者の十分ではない仕事能力をコーチング等職業訓練によってどのように高め，就労につなげるかを分析している。障がいのある人々の潜在的な仕事能力を開発し，社会に包摂するという理念は，日本が学ぶべき点である。

第3に，障がい者のインクルージョンやウェル・ビーイングについて考察した研究はこれまで注目されてこなかったが，障がいの種類や特性，レベルに配慮して専門的見地から開発された能力指標を用いることによって，文章理解や認知に困難がみられる障がい者に対しても信頼できる研究成果を導くことができるという点である。ILONA プロジェクトの障がい者の仕事能力とインクルージョン，ウェル・ビーイングの因果関係を分析した成果は，障がい者の就労支援や能力開発に大いに役立てることができるだろう。

参考文献

二神恭一・二神常爾・二神枝保（2017）『障害者雇用とディスアビリティ・マネジメント』中央経済社。

二神枝保（2016）「障がい者雇用に関する一研究：就労支援クラスター「かながわモデル」の視点からの分析」『横浜経営研究』37(1)，pp.13-28。

二神枝保・チンテザ，アンドレア コリナ（2023）「フィンランド，ソーシャル・ファームにおける障がい者の就労支援：障がい者の仕事能力，インクルージョン，ウェル・ビーイング」『日本労務学会全国大会報告集』pp.1-8。

Futagami, S., and E. Kettunen (2022) Employment and Human Resource Development of Disabled People in Japan and Finland: A Comparative Study from the Perspective of Diversity, Inclusion, and Decent Work, In *Sustainable Development in Asia,* eds. Andreosso-O'Callaghan, B., S. Rey, and R. Taylor, pp.31-53, Cham: Springer Nature.

Siltavalmennus (2020) Social Entrepreneurship as a Path to Meaningful Work.

第III部
企業価値の測定と評価

第5章
サステナブル経営を実現する会計

　会計情報は，500年以上の歴史を有し，世界中で利用されている複式簿記に支えられた信頼性の高い情報である。会計は，情報提供機能と利害調整機能によって，産業の発展や資本市場の健全な運営を支えてきた。しかし，経済性の偏重によってさまざまな環境・社会問題が顕在化してきたことから，今，社会性（外部性）を取り込むサステナビリティ開示の基準づくりと法定開示への流れがグローバルレベルで急速に進展している。今後は，経済社会のサステナビリティの実現に向けて，資金の流れを変えるために，サステナブル投資の意思決定に用いるサステナビリティ関連財務情報の開示が求められる。サステナビリティ開示は，企業やステークホルダーの意識と行動を変え，サステナビリティ関連のリスク・機会を織り込んだビジネスモデルへの転換を迫るものである。

第Ⅲ部
企業価値の測定と評価

1. ▶ 経済社会における会計

(1) アカウンタビリティ（会計責任）

　日本には286万社の法人が存在し，そのうち9割以上が株式会社である（国税庁長官官房企画課 2023）。株式会社では，株式（株券）を発行して，資金や資源を広く一般から集め，それを元手に事業を行う。株式会社の規模が大きくなると経営が複雑になるため，経営は専門的能力をもつ経営者に委託することが多くなり，出資する株主と経営者が分離する。これを「所有と経営の分離」という。株主から経営を受託した経営者は，経営実態や資金運用結果を記録し，株主に対して会計報告する責任を負う。この会計報告責任のことをアカウンタビリティ（accountability）といい，これが会計（accounting）の基礎になっている（國部 2017）。

　株主は，経営者からの会計報告を受け，結果が良ければ株式を保有し続けたり，追加で投資したりするが，結果が悪ければ株式を売却したり経営者交代を要求したりする。上場企業にもなれば，株式が証券取引所で売買可能になり，多額の資金調達ができ，社会的影響力も大きくなる。企業は，投資家保護のためのディスクロージャー（情報開示）などの法律や社会規範の遵守が求められるだけでなく，経営するためにさまざまな社会的資源を利用していることから，企業を取り巻く従業員，消費者，地域社会などのさまざまなステークホルダーに対してもアカウンタビリティを果たすことが求められる。

　例えば，国際標準化機構のISO26000（社会的責任に関するガイダンス規格）では，組織は「社会および環境に対する配慮を自らの意思決定に組み込み，自らの決定及び活動が社会及び環境に対して及ぼすアカウンタビリティを負う」とされる。また，社会・環境情報の開示原則を定めたGRIスタンダードでは，その第一原則で「ステークホルダーの包含」を掲げ，「組織はステークホルダーを特定し，その合理的な期待や利害にどのように対応してきたか

を説明しなければならない」としている（國部 2017）。経営を委託された経営者（企業）がアカウンタビリティを果たすことで，企業の経営の透明性が維持され，ステークホルダーの信頼を得ることができるのである。

(2) 会計の役割：情報提供機能と利害調整機能

　企業が株主から受託した資源の運用形態や経営成績を説明し，アカウンタビリティを果たすうえで優れた仕組みが複式簿記である。複式簿記では，取引を原因と結果の2つの側面から借方（かりかた）と貸方（かしかた）に記録するため，財産の状態と儲け（経営成績）の状況が明らかになる。複式簿記の記録をまとめると，貸借対照表や損益計算書などの財務諸表の作成ができ，借方と貸方の金額が最終的に一致することによって記録の正確性も確認できる。

　このような体系的な財産・損益計算ができる複式簿記は，500年以上の歴史をもつ。1494年にヴェネツィアで出版されたルカ・パチョーリ（Pacioli, L.）の『算術，幾何，比および比例総覧』は現存する最古の簿記書とされる（**写真5-1**）。複式簿記はルネサンス以後の資本主義の生成・発展に密接に関わり（木内 1984），18世紀の文豪のゲーテは「人智が生んだ最大の発明」と記している（渡邉 2018）。

写真5-1　ルカ・パチョーリ『算術，幾何，比および比例総覧』

出所：関西学院大学図書館所蔵（筆者撮影）

第Ⅲ部
企業価値の測定と評価

　簿記によって取引を帳簿に記録し，1 年間で得た利益や期末の財政状態を，株主をはじめとするステークホルダーに説明することが会計である（渡邉 2018）。会計は，経営の実態を正確に記録し，ステークホルダーに対して透明性のある情報を提供する手段である。会計によって，経営者はアカウンタビリティを果たし，投資家は企業情報をもとに投資判断を行うことができる。会計のこのような機能を情報提供機能といい，資本市場の健全な運営を支えてきた。会計には，もう 1 つの機能がある。企業が獲得した付加価値を利害が異なるステークホルダー間でどう分配するかを決めるための利害調整にも会計情報が利用されてきた。これを会計の利害調整機能という。会計は，情報提供機能と利害調整機能によって，経済社会において重要な役割を果たしてきた。

(3) 会計がかかえる課題

　日本の会計がどのように位置づけられてきたかを振り返ると，かつては産業政策や原価・税務統制政策といった社会の観点が色濃く反映されていた（薄井 2017）。第二次世界大戦後に企業会計制度を設定するにあたり，企業会計原則の前文には，「わが国企業の健全な進歩発達のためにも，社会全体の利益のためにも」，「我が国国民経済の民主的で健全な発達のための科学的基礎」と記されていた。

　しかし，その後，株主構成における機関投資家の拡大や会計基準のグローバル化によって，会計ディスクロージャーでは投資家の意思決定に焦点があてられるようになった。これは企業の利益率の向上をもたらしたものの（新田 2008），企業が短期的な利益を追求し，長期的な視点が軽視される一因ともなった。結果として，投資意思決定を重視する会計が，資本の富の増加に資するものとして機能してきたとの指摘もなされた（Sikka 2015）。

　また，あまりにも強大になり過ぎた経済に対して，多くの重大な問題が顕在化するに至っている。貧富の差の拡大，地球環境問題の深刻化，金融市場におけるクラッシュの危険性の高まりなど，いずれも深刻でかつ一国では対

130

処できない問題である（國部 2017）。これらの問題は，会計が基盤としている経済システムがもつ課題にも起因する。

2. ▶ 置き去りにされた環境価値

(1) 見過ごされてきた「基盤」

　興味深い比喩がある。「一軒の異様な建物が建てられる。多くの人がその建設に参加する。その建物はますます大きくなり，成長と進歩のシンボルになる。建物の巨大化はとどまるところを知らない。上へ上へと建て増しされていくうちに，基盤がしだいに不安定になり，ぐらつき出す。もともとこの建物の基盤は，このような大きな建物を予定したものではなかったのである。建て増しが進められていくうちに，建物全体がいずれ崩壊するようなことがないのか，その基盤について疑問が持たれ始める。」これは現在の経済システムとそれを支える理論が，環境との関係を十分考慮することなく構築され，その結果われわれの生存基盤そのものを崩壊させようとしていることを示唆している。経済システムにおいて，環境はどのようにあつかわれてきたのだろうか。その歴史を簡単に振り返ってみよう（阪 2001; 2002）。

(2) 経済学の成立と環境価値

　経済理論の萌芽期においては，人間も生態系のピラミッドの中に含まれ，その全体の調和的秩序の保持が目標とされていた。しかし，中世になって商品経済社会が形成・発展するとともに，自然観に根本的な転換が訪れる。人間は自然に対する支配権をもっていると考えられるようになる。このような背景の中で，経済理論が形作られていった。

　資本主義の経済的秩序を解いたとされるアダム・スミスは，『国富論』（1776年）で次のように述べている。「（人々は）その国の土地と労働の年々の生産物によって等しく扶養されている。この生産物は，たとえそれがどれほど大

第Ⅲ部
企業価値の測定と評価

であろうとも，決して無限ではありえず，必ず一定の限界をもっているにちがいない。」スミスは自然は有限であり，生産物も有限であることを認識していた。

スミスを継承したデイヴィッド・リカード（Ricard, D.）はこう述べている。「自然が人間に援助を与えていない，しかも，気前よく与えていない製造業など，およそ挙げることができない。」しかし，リカード自身が唱えた収穫逓減の法則のもとでは，限られた自然のうえでは経済は必ず停滞してしまう。そこで，それを克服するための手段として，比較生産費説によって外国貿易を主張したのである。

当時の英国の工業生産や人口と比較すれば，地球は充分に大きく，地球規模の自然は暫定的に無限とみなすことができた。そのうえで，『経済学及び課税の原理』（1817年）の冒頭で次のように述べている。「…商品，その交換価値，およびその相対価値を想定する法則を論ずる際には，われわれはつねに，人間の勤労の発揮によってその量を増加することができ，またその生産には競争が無制限に作用しているような商品だけを念頭におくことにする。」労働さえ投下すれば無限に増加する商品，という前提をリカードの経済学の出発点としたのである。

(3) わずかな警告

ジョン・ステュアート・ミル（Mill, J. S.）は，リカードの「無限の商品」の前提を引き継ぎながらも，その崩壊を予期していた。「そもそも富の増大というものが無制限のものでないということ，そして経済学者たちが進歩的状態と名付けているところのものの終点には定常状態が存在し，富の一切の増大はただ単にこれの到来の延期に過ぎず，前進の途上における一歩一歩はこれへの接近であるということ（中略）このような定常状態を終極的に避けることが不可能である」。

そして次のような未来の提言を行っている。「定常状態は必ずしも人間的進歩の停止を意味するものではない。定常状態においてもあらゆる種類の精

神的文化や道徳的・社会的進歩の余地があることは従来とはかわることはない」，「経済が発展し，人口がぎりぎりまで増大すれば，地上には人間に必要な穀物以外の雑草や花などがすべて取り除かれ，地球の美しさや楽しみが失われるだろう。それは幸福な状態ではない。それゆえ，必要に迫られて定常状態に入るまえに，自ら好んで定常状態に入ることを，後世の人たちに切望する」。この警告は，当時の経済社会の要請，つまり，産業革命による過剰な製品を売る市場の開拓にかき消された。

　当時は経済活動が地球の大きさに比べて十分小さかったために，このような前提を置くこともありえたのである。以後，「無限の商品」の前提は根本的に問い直されることはなく受け継がれてきた。自然の消費や破壊を生産とみなし，劣化しない「無限の自然」を前提としている限り，無限の成長という結論しか導かれない。今では経済活動が地球規模に達し，経済活動に伴う温室効果ガス（Greenhouse Gas：GHG）や廃棄物などの排出量は地球の処理能力を大きく超え，地球環境問題を引き起こしている。ジョン・メイナード・ケインズ（Keynes, J. M.）は，次のような言葉を残している。「もし正統派経済学が誤っているとすれば，その誤りは，論理的整合性に著しく留意して構成された上部構造の中に見出されるべきではなく，前提が明瞭性と一般性に欠けている点に見出されるべきである」。

(4) 外部性と市場の失敗

　市場経済では，需要と供給のバランスによって価格が決まる。価格が存在することで，市場メカニズムが機能し，経済的な効率性が達成される。しかし，ケインズの指摘にあるように，無限とみなされてきた環境には価格づけがされていないために，企業活動の結果として生じた環境被害は市場を経由せずに，直接人々や地球に公害や地球温暖化などの被害を及ぼしてしまう。これを外部性といい，マイナスの影響を及ぼすものを外部不経済という。外部性が存在すると，価格が介在して資源を効率的に配分する市場メカニズムが有効に機能せず，市場に任せておくと過剰な生産・消費がなされ，社会全

第Ⅲ部
企業価値の測定と評価

体としてロスが発生する。これを市場の失敗という（栗山・馬奈木 2020）。この外部性を市場メカニズムに反映すること，つまり内部化ができれば，市場メカニズムを通した解決に近づく。

(5) 外部性の内部化

　環境問題の背景には，現在の経済システムとそれを支える理論が，環境との関係を十分考慮することなく構築されてきたことが挙げられる。市場を健全に機能させるためには，これらを内部化する必要があり，そのための手法には，規制的手法，経済的手法，自主的取組手法，情報的手法が挙げられる。

　規制的手法は，法などで直接規制し，違反に対して罰則などを課すものである。経済的手法は，排出量取引や課税などの市場メカニズムを活用し，経済合理性に沿った自主的・自発的な活動を促すものである。自主的取組手法は，国の計画や業界自主協定などに企業が自主的に参加して取り組みを進めるものであるが，過渡的な手段ともいえる。情報的手法とは，利害関係者に情報開示（ディスクロージャー）することで，企業等の環境配慮行動を促進する手法である（環境省 2001）。

3. ▶ 会計における経済性と社会性

(1) 情報開示（ディスクロージャー）のパワー

　外部性を内部化する手法のうち，会計が担っているのが，情報的手法，すなわちディスクロージャーである。情報が開示されることで，消費者・投資家などのさまざまなステークホルダーが，環境活動に取り組む企業や環境負荷の少ない製品などを選ぶことができるようになり，結果として企業行動を変えていくことができる。

　情報開示の効果については，例えば，企業が化学物質排出・移動量を国に届け出るPRTR（Pollutant Release and Transfer Register）制度ができた後

に，排出・移動量は減少傾向をたどり，化学物質による環境リスクの低減に効果があったとされる（水谷 2013）。別の例としては，アフリカの武装勢力などの資金源として利用されるスズや金などの紛争鉱物について，米国金融規制改革法（ドッド・フランク法）によって情報開示を求める規制ができたことで，サプライチェーンの構造が大きく変化した（村上 2022）。情報開示規制が企業に紛争鉱物を使用しないよう誘導し，解決への役割を果たしたのである。情報が開示されることで，ステークホルダーの行動や企業自身の行動を変える効果をもつ。情報開示がもつパワーは大きい。

(2) 社会性を取り込もうとする会計の試み

　情報開示の観点から，経済システムから置き去りにされた環境価値を取り込み，環境やサステナビリティ（社会性）に配慮した会計を構築し実践しようとする試みは半世紀にわたり積み重ねられてきた。株主だけではなく，企業を取り巻く幅広いステークホルダーを意識し，近年改めて注目されている自然資本や付加価値会計をはじめ，社会会計や広義のアカウンタビリティなどの研究もなされてきた。1990年代に入ると，1992年の地球サミットや1996年のISO 14001「環境マネジメントシステム」発行などにより，企業は環境活動を本格化し，自主的に環境報告書によって情報開示し，環境会計を導入する企業も拡大した。

　その後，2000年に発足した国連グローバル・コンパクトが，人権保護，不当な労働排除，環境対応，腐敗防止に企業がコミットする世界最大のサステナビリティ・イニシアティブとして広がり，環境・社会報告やCSR（Corporate Social Responsibility）報告も拡大した。最近では，国連の持続可能な開発目標（SDGs）の達成に向けて，サステナビリティ報告や，財務情報と非財務情報を統合させた統合報告へとシフトし，企業の実践も普及してきた。

　ビジネスにおいて経済性以外の要素が大きくなるにつれ，財務情報の企業価値に対する説明力（価値関連性）が失われてきたと指摘されるようになり（レブ・グー 2016），サステナビリティ報告や統合報告はそれを補完するた

第Ⅲ部
企業価値の測定と評価

めの取り組みでもあった（Brooks and Oikonomou 2018）。会計は，経済性と社会性の間を揺れ動きながらも，着実に研究・実践の蓄積がなされ，それが今，会計や開示にサステナビリティを取り込もうとするうえでの貴重な知見となっている。

(3) サステナブル金融市場の枠組みとしてのサステナビリティ開示

サステナビリティ課題の中でも，気候変動については，パリ協定（2015年）で，温暖化を2℃や1.5℃に抑えることが合意された。そのために，2050年カーボンニュートラルの実現と，新たな経済社会構造への転換を促すために，資金の流れを変えることが必要とされ，サステナブル投資の重要性が一段と高まった。日本においても，サステナブル投資が運用資産残高に占める割合は1/3を超えた（日本サステナブル投資フォーラム 2024）。ビジネスのメインストリームの領域とサステナビリティの領域が重なり，国のグリーン成長戦略もあって，気候変動はリスクと同時に成長戦略としてのチャンスともなった。サステナブル金融市場の枠組みづくりの1つとして，財務会計とリンクした投資意思決定のためのサステナビリティ開示の量と質が求められるようになってきた（阪 2023）。

これ以前のサステナビリティ報告や統合報告などで自主的に開示されてきた情報は，グローバルな比較可能性に課題を抱えていた。そのため，サステナブル投資のための投資意思決定に有用な情報ニーズに焦点をあて，G20の要請を受けて各国中央銀行などから構成される金融安定理事会（Financial Stability Board：FSB）のもとに，2015年に気候関連財務情報開示タスクフォース（Taskforce on Climate-related Financial Disclosures：TCFD）が設置され，2017年には気候変動の財務的影響を開示するTCFD提言が公表された。このTCFD提言では，企業等に対して，気候変動のリスクと機会を把握し，それに対する「ガバナンス」「戦略」「リスク管理」「指標と目標」の4つを柱とする開示が推奨され，これは，グローバルなサステナビリティ開示基準の基本的な開示枠組みとして引き継がれている。

第5章
サステナブル経営を実現する会計

(4) グローバルスタンダードとしてのサステナビリティ開示基準

TCFD提言の動きと並行して，世界で数多く存在するサステナビリティ開示ガイドラインの統一化・簡素化の要請も高まり，主要な5団体であるGroup of 5を構成するIIRC（国際統合報告評議会），SASB（米国サステナビリティ会計基準審議会），CDSB（気候変動開示基準審議会），CDP, GRI（グローバル・レポーティング・イニシアティブ）が協調し，2020年12月に，TCFD提言をもとにした「企業価値に関する報告：気候変動財務開示基準のプロトタイプの例示」を公表した。

2021年11月には，グラスゴーでのCOP26の場で，国際会計基準の策定組織であるIFRS（International Financial Reporting Standards）財団内に，国際会計基準審議会（International Accounting Standards Board：IASB）と並列する組織として，国際サステナビリティ基準審議会（International Sustainability Standards Board：ISSB）の設立が表明された。その後，IIRC, SASB, CDSBはIFRS財団に統合され，2023年6月には，上記のプロトタイプの例示をもとにした，2つのサステナビリティ基準であるIFRS S1号「サステナビリティ関連財務情報開示に関する全般的要求事項」とIFRS S2号「気候関連開示」が公表された（Sはサステナビリティを意味する）。

4. ▶ サステナビリティ開示の情報提供機能

(1) 国際サステナビリティ開示基準(IFRS S基準)とは

IFRSサステナビリティ開示基準は，投資家等の情報ニーズを反映したTCFD, IIRC, SASB, CDSBの開示に基づいており，企業活動の環境・社会への幅広いインパクトなどの情報開示は含まれない。広義のサステナビリティ情報と区別するために，「サステナビリティ関連財務情報開示」と呼ばれ，財務諸表の補足情報として位置づけられている。なお，IFRSサステナビリ

137

ティ開示基準の適用にあたっては，財務諸表作成に用いる会計基準の種類は問わない。

IFRSサステナビリティ開示基準は，グローバル資本市場において，投資家等の意思決定に有用で，国際的に比較可能な包括的なサステナビリティ開示のグローバル・ベースラインを提供している。この基準によって，サステナビリティ開示において，任意開示から各国による法定開示化への新たな流れができた。なお，各国がIFRSサステナビリティ開示基準を自国基準に取り入れる際には，必要に応じて固有の要求事項を追加することができるというビルディング・ブロック・アプローチがとられている。

2023年6月に公表された最初の2つの基準のうち，IFRS S1号「サステナビリティ関連財務情報開示に関する全般的要求事項」は，サステナビリティ開示全体を包括的に扱う基準であり，テーマ別基準がまだ開発されていないテーマについてもIFRS S1号が適用される。IFRS S2号「気候関連開示」は，テーマ別基準の最初の基準であり，気候関連の開示に適用される。

基準公表から1か月後の2023年7月には，証券監督者国際機構（International Organization of Securities Commissions：IOSCO）が，IFRS S1号とS2号基準のエンドースメント（承認）を決定し，グローバルレベルの資本市場に適した基準であることが証明された。会計基準では，国際会計基準を作成する国際会計基準審議会（International Accounting Standards Board：IASB）の前身であるIASCが設立されてから30年近い歳月を経てIOSCOが承認し，その後，国際会計基準がグローバルなデファクトスタンダード（事実上の基準）として広範囲で包括的に受け入れられるようになった。サステナビリティ開示基準では，最初の基準公表後わずか1か月でIOSCOの承認が決定されており，グローバル市場におけるサステナビリティ開示基準への期待は大きい。なお，IFRSサステナビリティ開示基準のコア・コンテンツの基礎となったのがTCFD提言であることはすでに述べたが，2024年からは，IFRS財団が，TCFDから気候関連情報開示の監督業務を引き継ぐこととなった。

第5章
サステナブル経営を実現する会計

(2) 国際サステナビリティ開示基準(IFRS S1号)

　サステナビリティ開示全体を包括的に扱う IFRS S1号では，一般目的財務報告書の主要な利用者に対して，企業への資源の提供に関する意思決定を行うにあたり有用な，短期，中期または長期にわたり，企業のキャッシュ・フロー，ファイナンスへのアクセスまたは資本コストに影響を与えると合理的に見込まれるサステナビリティ関連のリスクおよび機会についての情報開示を求めている。具体的な開示要求は，TCFD提言から引き継がれた4つのコア・コンテンツである(1)ガバナンス，(2)戦略，(3)リスク管理，(4)指標および目標，である（**図表5-1**）。

図表5-1　サステナビリティ開示のコア・コンテンツ

(1)ガバナンス	サステナビリティ関連のリスクおよび機会をモニタリング，管理，監督するために企業が用いる**ガバナンスのプロセス，統制および手続**
(2)戦略	サステナビリティ関連のリスクおよび機会を**管理する企業の戦略**
(3)リスク管理	サステナビリティ関連のリスクおよび機会を**識別，評価，優先順づけ，モニタリングする企業のプロセス**
(4)指標および目標	サステナビリティ関連のリスクおよび機会に関する企業のパフォーマンスを理解できる**指標および目標**

出所：IFRS S1号より筆者作成

　図表5-1で示すように，サステナビリティ開示基準では，企業が，サステナビリティに対して，どのような(2)戦略を有しているか（サステナビリティ関連のリスクおよび機会がビジネスモデルやバリューチェーンに与える影響，財務的影響，戦略や意思決定に与える影響，戦略やビジネスモデルのレジリエンス），サステナビリティ関連のリスクおよび機会を識別し，評価し，優先順づけし，モニタリングするためにどのような(3)リスク管理プロセスを有しているか，企業全体のリスク管理プロセスに統合されているか，さらに，(4)指標および目標を設定し，進捗状況を示すパフォーマンスはどうか，そし

139

て，これらすべての土台となるべき(1)ガバナンスのプロセス，統制および手続が整っているか，といった開示を求めている。

(3) | 国際サステナビリティ開示基準(IFRS S2号)

　IFRS S2号以降は特定のテーマを扱う基準であるが，現時点でテーマ別基準はIFRS S2号「気候関連開示」基準のみである。IFRS S2号では，概ねIFRS S1号の要求事項の「サステナビリティ関連」が「気候関連」に置き換えられているが，「指標および目標」において，全産業に共通する産業横断的指標として，①温室効果ガス，②気候関連の移行リスク，③気候関連の物理的リスク，④気候関連の機会，⑤資本投下，⑥内部炭素価格，⑦報酬，の開示を求めている（**図表5−2**）。

　なお，①の温室効果ガスは，スコープ1，スコープ2，スコープ3の開示を求めており，サプライチェーンでの対応が求められる。②の移行リスクとは，低炭素・脱炭素社会に移行するにあたり，政策や規制，市場や業界動向，技術の進歩，評判の変化などによって企業が被るリスクであり，③の物理的リスクとは，すでに起きている気温上昇によってもたらされる豪雨・大型台風・海面上昇・水不足の災害などで企業が被る物理的な被害のことである。⑥の内部炭素価格とは，社内排出量取引のように炭素排出量に価格づけして支払う価格のことである。

　図表5−2の①で示す温室効果ガス排出量のスコープ1，スコープ2，スコープ3を図示したものが**図表5−3**である。スコープ3は15のカテゴリーに分類されており，**図表5−3**の①〜⑮がそれに該当する。スコープ1〜3の排出量を合計すると，サプライチェーン排出量（原材料調達・製造・物流・販売・廃棄など，事業活動に関係するあらゆる排出を合計した温室効果ガス排出量）となる。

　なお，温室効果ガスの排出量は，生産量，使用料，焼却量などの活動量を自社購買データ等から把握し，活動ごとの排出係数を乗じることで算定する（環境省 2024b）。

図表5-2　IFRS S2「気候関連開示」で開示が求められる産業横断的指標

①温室効果ガス：企業の温室効果ガス排出の絶対総量（スコープ１，スコープ２，スコープ３）など
②気候関連の移行リスク：気候関連の移行リスクに対して脆弱な資産または事業活動の数値およびパーセンテージ
③気候関連の物理的リスク：気候関連の物理的リスクに対して脆弱な資産または事業活動の数値およびパーセンテージ
④気候関連の機会：気候関連の機会と整合した資産または事業活動の数値およびパーセンテージ
⑤資本投下：気候関連のリスクおよび機会に投下された資本的支出，ファイナンスまたは投資の金額
⑥内部炭素価格：企業が炭素価格を意思決定に適用しているかどうか，どのように適用しているか，その価格
⑦報酬：気候関連の考慮事項が役員報酬に組み込まれているか，どのように組み込まれているかなど

出所：IFRS S2号より筆者作成

図表5-3　温室効果ガス排出量スコープ１～３

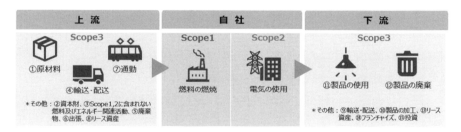

スコープ１：事業者自らによる温室効果ガスの直接排出（燃料の燃焼，工業プロセスの排出など）
スコープ２：他社から供給された電気・熱などの使用に伴う間接排出
スコープ３：スコープ１，スコープ２以外のバリュー・チェーンでの間接排出（事業者の活動に関連する他社の排出）
スコープ１排出量＋スコープ２排出量＋スコープ３排出量＝サプライチェーン排出量
出所：環境省（2024a）

温室効果ガス排出量（tガス）＝活動量×排出係数（活動量あたりの排出量）

　多くの日本企業は2050年までのカーボンニュートラル（ネット排出量ゼロ）の目標を掲げており，その達成に向けては，スコープ３の観点から，サプラ

イチェーンのすべての企業が協力して削減しなければならない。サプライチェーン上の1社が排出量を削減すれば、サプライチェーンの排出量の削減は各企業でシェアされ、他のサプライチェーン上の各事業者にとっても自社のスコープ3排出量が削減されることになる（**図表5-4**）。そのため、サステナビリティ開示基準が直接適用されない企業であっても、サプライチェーンを通して取引先から排出量の算定と削減が求められる。サステナビリティ開示基準は、基準が適用されない例えば非上場企業にも排出削減を迫り、経済社会全体の排出削減を達成する役割を果たす。

IFRS S2号では、**図表5-2**で示す産業横断的指標に加えて、産業別ガイダンスとして、SASBスタンダードに由来する産業別の開示トピックおよび指標も示されている。企業は開示にあたりこの産業別ガイダンスを考慮しなければならない。気候変動をはじめとするサステナビリティの取り組みは、業種によって大きく異なるため、産業別のガイダンスは企業が自社の属する産業で求められる取り組みを識別するうえで参考になる。これらの指標は、投資家等の情報ニーズをもとに開発されており、その点からも、企業が自社

図表5-4　温室効果ガスのサプライチェーン排出量削減のイメージ

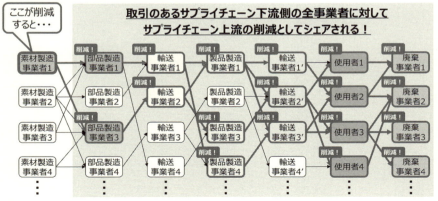

出所：環境省（2024a）

にどのような対策が求められているかを知るうえで有用な指針となる。

⑷ 各国・地域におけるサステナビリティ開示基準開発

　日本では，国内基準を開発し，国際的なサステナビリティ開示基準の開発に貢献することを目的としてサステナビリティ基準委員会（Sustainability Standards Board of Japan：SSBJ）が2022年7月に設立された。これによって，財務会計基準機構のもとに，従来から存在する企業会計基準委員会と，サステナビリティ基準委員会が併存することになった。これは，IFRS財団のもとに，国際会計基準審議会（IASB）と国際サステナビリティ基準審議会（ISSB）が併存しているのと同じである。

　サステナビリティ基準委員会（SSBJ）では，高品質で国際的に整合性のある基準を作成するためにISSB基準との整合性を確保し，IFRS S1 & S2の要求事項をすべて取り入れた日本版サステナビリティ開示基準の公開草案を2024年3月に公表した。それが，サステナビリティ開示ユニバーサル基準公開草案「サステナビリティ開示基準の適用」案，サステナビリティ開示テーマ別基準公開草案第1号「一般開示基準」案，サステナビリティ開示テーマ別基準公開草案第2号「気候関連開示基準」案の3つである。基準のわかりやすさを重視し，IFRS S1基準を2つに分割したため，3つの基準案となっている。確定基準は2025年度3月末までに公表される予定である。

　米国でも，2024年3月に，証券取引委員会（Securities and Exchange Commission：SEC）が気候変動開示規則を公表した。この気候変動開示規則は，TCFD提言の開示要求をベースとし，年次報告書等（Form10-K等）での気候変動リスクの開示情報の充実と，財務的な影響の開示を求める。

　欧州では，企業サステナビリティ報告指令（Corporate Sustainability Reporting Directive：CSRD）が2023年1月に発行され，その具体的な開示基準である欧州サステナビリティ報告基準（European Sustainability Reporting Standards：ESRS）の第1弾が2023年7月に採択された。欧州のサステナビリティ報告基準は，環境，社会，ガバナンスの幅広いテーマを扱

143

第Ⅲ部
企業価値の測定と評価

っており，また，サステナビリティ関連財務情報に留まらず，企業活動が環境や社会に及ぼす影響をも対象としている。

このようなサステナビリティ情報の法定開示に向けてのグローバルな動きは，企業のサプライチェーンでの取り組みを加速する。欧州の開示規制は，日本企業の欧州子会社や，将来的には，一定の要件を満たす場合にはEU域外企業も適用対象となることから，サステナビリティ関連財務情報の開示対応を超えた取り組みも必要となる。企業にとって，サステナビリティ開示自体は目的ではない。開示対応を通して，サステナビリティ課題を解決し，企業価値向上をいかに実現していくかが問われる。

5. ▶ 利害調整機能としてのサステナビリティ開示

(1) ステークホルダー資本主義へ

ここでは，会計が有するもう1つの機能である利害調整機能としての観点からサステナビリティ開示を取り上げる。グローバルなIFRSサステナビリティ開示基準のテーマ別基準は，現時点では，IFRS S2号「気候関連開示」のみであるが，今後は新たなテーマの基準開発も進められる。ISSBの情報要請（Request for Information）「アジェンダの優先度に関する協議」を経て，今後扱われるテーマとして，「生物多様性，生態系および生態系サービス」と「人的資本」が挙げられている。

人的資本については，日本では「新しい資本主義」の実現に向けて「人への投資と分配」などが掲げられ（内閣官房 2022），また，2023年3月期からは法定開示である有価証券報告書において，サステナビリティ情報等の記載事項として，従業員の状況の開示の拡充や人的資本・多様性に関する開示が新設されたことで，日本企業の人的資本に関する開示も進んできた（KPMG 2024）。

このような動きの背景にあるのは，従来の経済性偏重の経営を見直し，多

様な価値観をもつステークホルダーを参画させる概念として注目されてきた，ステークホルダー資本主義の考え方である。米国の経済団体ビジネス・ラウンドテーブルは，2019年に発表した声明において，株主第一主義を脱し，顧客，従業員，サプライヤー，地域社会，株主などのすべてのステークホルダーの利益を尊重する資本主義の実現を目指すとし，2020年の世界経済フォーラム年次総会（ダボス会議）ではステークホルダー資本主義が重点テーマとなった。

(2) 人的資本への分配

人への分配に関して実質的に多くの部分を担っているのは企業である（阪ほか 2020）。企業が生み出した付加価値は，債権者には支払利息，従業員には人件費，政府には税金，投資家には配当等として分配される。ここで，Moody'sのデータベースOsirisを利用し，過去約30年間に，データが入手可能な全上場企業がステークホルダーに対して付加価値をどのように分配してきたかを確認する。世界140か国の上場企業，欧州からドイツ，米州から米国，アジアからインドの各国の全上場企業の付加価値分配の実態を可視化したものが**図表5-5**である。横軸は時間軸（1992～2020年度），縦軸は付加価値総額（4つのステークホルダーへの分配額の合計額）を100％とした場合の（上から）債権者，従業員，政府，株主への付加価値分配割合を示している。

図表5-5の140か国の上場企業からは，上から2番目の従業員への付加価値分配が過去約30年間で減少を続け，利益（投資家への分配）割合が増加してきたことがわかる。大陸欧州であるドイツの企業では，従業員への付加価値分配が高い割合で維持されていること，米国企業では，従業員への付加価値分配割合が過去15年ほどの間に顕著に減り，1番下の投資家への分配が増えていることがわかる。インド企業では，従業員への分配割合が全体として低い。なお，2020年度はコロナ禍のため，ドイツ，米国で企業の利益が大きく落ち込んでいる。**図表5-5**で取り上げた国以外の各国についても，付加価値分配状況を確認したところ，地域によって同様の特徴がみられることを

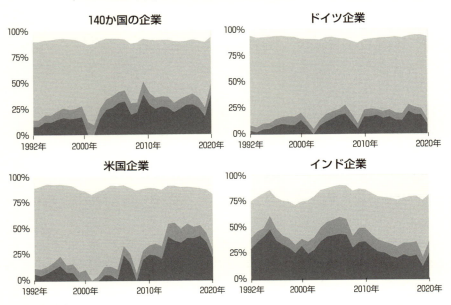

図表5-5 世界・各国の上場企業の付加価値分配
（1992〜2020年度，上から債権者，従業員，政府，株主への分配割合を示す）

出所：筆者作成

確認している（阪ほか 2020を最新のデータで更新）。

(3) 付加価値分配を取り巻く状況

ここで，企業の付加価値分配を取り巻く状況を確認するために，154か国の全上場企業の付加価値と関連する会計情報の相関について，1992年度と2020年度を比較したものを図表5-6に示す。図表5-6から，売上と付加価値合計額の相関が1992年度の0.93から2020年度は0.69に減少している。これは，売上が増加しても付加価値総額がそれほど増加しなくなっていることを示している。付加価値合計額と人件費の相関は1992年度の0.98から2020年度には0.86となり，結果として，売上と人件費の相関が1992年度の0.88から2020年度には0.62と2割以上減少している。限られた付加価値をめぐって，従業員

第5章
サステナブル経営を実現する会計

への分配割合（労働分配率）が減少してきたことがわかる。売上と当期純利益の相関をみると，1992年度の0.58から2020年度は0.38に減少しているものの，人件費の減少と比較すると減少幅は少ない。売上から獲得できる付加価値が減少している中で，それをどのようにステークホルダーに分配するかは，社会的に大きな課題である（阪ほか2020を最新のデータで更新）。

図表5-6　付加価値と関連する会計情報の相関

相関	1992年度	2020年度
売上と付加価値合計額	0.93	0.69
付加価値合計額と人件費	0.98	0.86
売上と人件費	0.88	0.62
売上と当期純利益	0.58	0.38

出所：筆者作成

(4) 人的資本投資と社会的な豊かさ

　人的資本は，国連の新国富（Inclusive Wealth）においても扱われている。新国富指標は，フローであるGDPを補完し，ストックの豊かさを測ろうとするもので，社会が保有する富の金銭的価値を表す。新国富指標は，インフラに関わる人工資本，農地や森林が関わる自然資本，教育や健康が関わる人的資本の3つを対象としている（岸上・馬奈木2022）。新国富の各国の数値は公表されており（UNEP 2018; Managi and Kumar 2018），この人的資本データを用いて，各国における新国富に占める人的資本の割合（横軸）と，各国上場企業の利益と人件費の割合（縦軸，企業の従業員給付／利益）をプロットしたものが**図表5-7**である。**図表5-7**からは，企業の人への投資が大きくなると新国富に占める人的資本の割合が高くなっており，人への投資の重要性を示す1つの証拠である。

　このように，企業の人への分配に関しては，過去約30年間の付加価値分配の実態から，売上から獲得できる付加価値が減少している中で，従業員への

147

第Ⅲ部
企業価値の測定と評価

図表5-7　国連新国富の人的資本割合と企業の人への投資

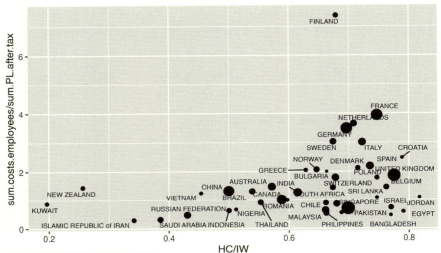

横軸：国連新国富の人的資本の割合
縦軸：企業の従業員給付／利益
円の大きさ：各国上場企業の総資産の合計

出所：Managi et al.（2021）

分配割合が低下し，投資家への分配割合が増加してきたことが明らかになった。一方で，新国富の人的資本を用いた分析では，企業の人への投資が人的資本ストックにつながることも示された。サステナビリティ開示によって，企業の人的資本への投資や可視化が進むことで，ステークホルダーがその実態を知り，分配などに関する利害調整に関わることもできよう。会計が利害調整機能を果たし，適切な付加価値分配のあり方をステークホルダーとともに考えるためにも，サステナビリティ開示は重要といえる（阪 2023）。

6. ▶ サステナビリティ開示の社会的貢献

(1) サステナビリティ開示による社会性の内部化

　グローバルに急速に進むサステナビリティ開示基準開発の社会的意義について考えてみよう。ISSB 基準（IFRS 財団），SSBJ 基準（日本），SEC 基準（米国）は，**図表 5-8** における，従来から存在する③の財務諸表と，①サステナビリティ報告の中間にあたる，②投資意思決定のためのサステナビリティ関連財務開示に焦点をあてている。一方，欧州基準の ESRS は，**図表 5-8** の①の企業が環境等に与える影響と，②の環境等が企業に与える影響の両方を含んでいる。なお，②の部分についての ISSB 基準と欧州基準の整合性は概ね確保されている。**図表 5-8** の③と①は従来から存在していたが，相互の接続性（コネクティビティ）が確保されていないことが課題であった。②のサステナビリティ関連財務開示に焦点をあてた基準開発が進むことで，サステナビリティと財務情報とが接続されるようになる。

図表 5-8　サステナビリティ開示による外部性の内部化

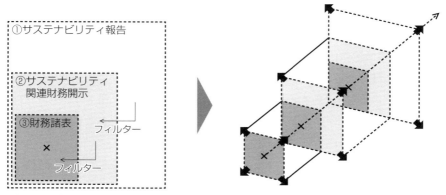

（プロトタイプの例示（CDP, CDSB, GRI, IIRC, SASB（2020））Figure 1 を基に作図）
出所：阪（2023）

第Ⅲ部
企業価値の測定と評価

図表5-8中の矢印で示されるように，国際条約や法規制によって社会性（外部不経済）が企業の財務関連のリスクや機会に直結するようになり，サステナビリティ開示基準（ISSB基準やSSBJ基準）が整備されることで，①と②の間のフィルターを通過し，それが開示されるようになる（①→②の矢印）。また，サステナビリティ開示基準によって，例えば温室効果ガス削減の投資に取り組むようになり，これまで企業が負担していなかった社会性（外部不経済）の内部化が促進される。そのうち企業の財政状態や経営成績に影響を与えるものは，②と③の間のフィルターを通過し，財務諸表に反映されるものも出てくるようになる（②→③の矢印）。財務諸表における気候関連リスクの扱いについてはコラム5を参照されたい（**コラム5参照**）。

2023年6月のIFRS S1号およびS2号の公表時に，ISSBのエマニュエル・ファベール議長は，「サステナビリティを会計言語に取り入れることによってより強靭（レジリエント）な経済を構築する。ISSB基準は企業のサステナビリティ・ストーリーを強固で比較可能・検証可能な方法で開示できるように設計されており，より良い経済的な意思決定につながる。これは将来の優先課題を協議するための出発点に過ぎない」と述べている。サステナビリティ関連財務情報開示に焦点をあてたサステナビリティ開示基準は，これまで会計では扱われてこなかった外部不経済であるサステナビリティ関連のリスクを早い段階から企業の戦略，リスク管理，ガバナンスに織り込んだうえで，ビジネス機会を得られるようなビジネスモデルの構築を求めており，中長期の企業価値の向上に資するものである。

わが国では，2023年から有価証券報告書にサステナビリティ情報の記載欄が新設され，すでに多くの企業でIFRSサステナビリティ開示基準にあるようなコア・コンテンツの開示も進んでいる（金融庁 2024）。このようにサステナビリティ開示は，外部性の内部化を通して，企業やステークホルダーの行動を変え，企業経営にサステナブルな観点からの規律をもたらす役割を果たすといえる。

第5章
サステナブル経営を実現する会計

(2) サステナブル経営の基盤としての会計・サステナビリティ情報

　企業は，従来の利益（経済性）のベクトルとサステナビリティ（社会性）のベクトルを近づけ，同軸上に位置づけて，経済性と社会性を両輪とした企業経営をいかに実現していくかが問われている。そのために，まず必要となるのは「現在地」を知ることである。

　経営の神様と呼ばれるドラッガーは，「重要なことは，正しい答えを見つけることではない。正しい問いを探すことである。間違った問いに対する正しい答えほど，危険とはいえないまでも役に立たないものはない」ということばを残している。この場合の正しい問いは，サステナビリティの実現に向けて企業（自社）が解決すべき課題は何か，ということである。この課題に対して，企業が本業を通じてどのように解決に貢献していくかの戦略を策定し，リスク管理をし，指標と目標を設定し，それを実現するためのガバナンスの仕組みを整えることになる。しかし，最初の問い（自社が掲げる課題）の方向性が，社会全体が目指す方向性とずれていると，たとえどれだけ努力をしたとしても，ステークホルダーからの評価につながらないばかりか，社会や自社のサステナビリティも達成されない。

　サステナビリティの取り組みは，これまでの経営計画よりも時間軸が長いため，不確実性も大きい。しかし，例えば気候変動であれば，IPCC（気候変動に関する政府間パネル）などの科学的根拠に基づき，私たちが向かうべき方向は定まりつつある。2050年カーボンニュートラルを目標に，バックキャスティングでスコープ1〜3の排出量を削減していくことが必要となる。そのために，まずは自社がスコープ1〜3について，どのカテゴリー（**図表5-3**参照）でどれだけの排出をしているかを把握し，そのことに伴うビジネス上のリスクなどを識別し，削減に向けて対応していく必要がある。他のサステナビリティ課題についても，不確実性がある中で，グローバルな動向を見極めたうえで，データを活用して自社の「現在地」を認識し，サステナビリティ関連のリスクを織り込んだうえでビジネス機会を得られるような，

151

第Ⅲ部
企業価値の測定と評価

より強靭なビジネス・モデルを構築することが必要となる。

　従来のように短期的な確定した目標に向かって実績を重ねる方法よりも，不確実なデータも駆使して自社のビジネスが正しい方向に向かっているのかを大まかにでも知ることの方がはるかに重要となる。自社の「正しい問い」を立て，経済社会のサステナビリティを実現するベクトルに，経営軸・財務軸のベクトルの向きを近づけていくことが必要である。この2つのベクトルの角度が小さくなると，ベクトルを足し合わせたときに長くなり，より遠くまで進むことができる。そのためにもまずはデータを集め，「現在地」を知ることが重要となる。このようなデータが社会的に蓄積されることで，後から始めた企業も，そのデータを利用して，社会全体として向かうべき方向に早く社会全体で一緒に到達することができる。サステナビリティ基準は，そのための基盤となるデータを提供することにもつながる。

　私たちが目指すのは，データ独占社会ではなく，データを共有し利活用する社会である。会計情報は，500年以上の歴史を有し，世界中で利用されている複式簿記に支えられ，企業活動の実態を反映する，かつ，上場企業は監査を経た，信頼性の極めて高いデータである。しかし，ピケティ（2014）は，「企業が現在公開を求められている会計情報では，従業員や一般市民が集団的な決定について意見をまとめるのには，まったく不十分なものでしかないし，まして決定に介入するほどの情報はない」と述べている。サステナビリティ情報を含む会計情報は，企業とステークホルダー間の対話と，異なるステークホルダー間の連携強化，ひいてはステークホルダー資本主義の実現のツールとなりうる（阪ほか 2020; 阪 2022）。

　そのために，規模に関わらずすべての企業におけるサステナビリティ開示の充実を図るとともに，社会的にも重要な会計データのアクセス可能性・理解可能性を高め，データ共有時代におけるプラットフォームとして共有することが重要となろう（阪 2022）。企業においてはサステナブルな経済社会の実現にビジネスを通してどのように貢献しているかを開示し，投資家・消費者においてはその情報を読み自らの投資・消費行動を通して共にサステナブ

ルな経済社会をつくっていくこと，そのための基盤づくりと，それぞれのステークホルダーが責任をもって会計・サステナビリティ情報を活用し，ひとり一人の意思決定を通して社会を変革し，経済社会のサステナビリティを実現させることに役割を果たしていくことが重要となる。

参考文献

薄井彰（2017）「戦後日本の会計制度，市場，企業」『月刊　資本市場』369，pp.22-30。

環境省（2001）「平成13年度　環境白書」。

環境省（2024a）「グリーン・バリューチェーンプラットフォーム」，https://www.env.go.jp/earth/ondanka/supply_chain/gvc/index.html（2024年5月31日閲覧）。

環境省（2024b）「温室効果ガス排出量算定・報告マニュアル（Ver5.0）」2024年2月。

木内佳市（1984）「経済・社会と簿記・会計」『追手門経済論集』19（1），pp.192-203。

岸上祐子・馬奈木俊介（2022）「サーキュラーエコノミーからの新国富の上昇：人工資本・人的資本・自然資本」『化学工学』86（2），pp.49-52。

金融庁（2024）「記述情報の開示の好事例集2023」。

栗山浩一・馬奈木俊介（2020）『環境経済学をつかむ（第4版）』有斐閣。

KPMGサステナブルバリューサービス・ジャパン（2024）「日本の企業報告に関する調査2023」。

国税庁長官官房企画課（2023）「令和3年度分 会社標本調査：調査結果報告」。

國部克彦（2017）『アカウンタビリティから経営倫理へ：経済を超えるために』有斐閣。

阪智香（2001）『環境会計論』東京経済情報出版。

阪智香（2002）「置き去りにされた環境価値と環境会計の挑戦」『ISOMS』2022年11月号，pp.50-51。

阪智香（2022）「DXの進展と会計研究・教育」『會計』201（6），pp.609-621。

阪智香（2023）「サステナビリティ開示：経済社会のサステナビリティに向けての貢献」『會計』203（1），pp.92-106。

阪智香・國部克彦・地道正行（2020）「会計と不平等：付加価値分配率の探索的データ解析」『国民経済雑誌』221（4），pp.1-20。

内閣官房（2022）「新しい資本主義のグランドデザイン及び実行計画」令和4年6月7日閣議決定。

新田敬祐（2008）「株主構成の変容とその影響」『ニッセイ基礎研REPORT』2008年2月号。

日本サステナブル投資フォーラム（2024）「サステナブル投資残高調査2023」。

T．ピケティ著・山形浩生ほか訳（2014）『21世紀の資本』みすず書房。

水谷好洋（2013）「PRTR制度の現状と課題について」『廃棄物資源循環学会誌』24（2），pp.117-122。

第Ⅲ部
企業価値の測定と評価

村上進亮（2022）「情報開示が資源国の紛争解決に与える影響：ドッド・フランク法の検証」『旭硝子財団　助成研究成果報告』72，pp.1-6。

B．レブ・F．グー著・伊藤邦雄監訳（2016）『会計の再生：21世紀の投資家・経営者のための対話革命』中央経済社。

渡邉泉（2018）『会計学の誕生：複式簿記が変えた世界』岩波新書。

Brooks, C., and I. Oikonomou（2018）The Effects of Environmental, Social and Governance Disclosures and Performance on Firm Value: A Review of the Literature in Accounting and Finance, *The British Accounting Review*, 50(1), pp.1-15.

CDP, CDSB, GRI, IIRC, SASB（2020）Reporting on Enterprise Value: Illustrated with a Prototype Climate-Related Financial Disclosure Standard.

Managi, S., and P. Kumar, eds.（2018）*Inclusive Wealth Report 2018: Measuring Progress Towards Sustainability,* London: Routledge.

Managi, S., M. Jimichi, and C. Saka（2021）Human Capital Development: Lessons from Global Corporate Data, *Economic Analysis and Policy,* 72, pp.268-275.

Sikka, P.（2015）The Hand of Accounting and Accountancy Firms in Deepening Income and Wealth Inequalities and the Economic Crises: Some Evidence, *Critical Perspectives on Accounting* 30, pp.46-62.

UNEP（2018）Executive Summary: Inclusive Wealth Report 2018.

154

コラム5
気候関連コミットメントの会計

コラム5　気候関連コミットメントの会計

　国際会計基準審議会（IASB）が2022年から2026年の5年間の優先事項を決定する第3次アジェンダ協議において，利害関係者から，気候関連リスクに対する国際財務報告基準（IFRS）の適用にばらつきがみられ，財務諸表における気候関連リスクの開示が十分ではない可能性があるとの懸念が表明された。これを受けてIASBは，気候関連リスクに関する基準改訂を行うことを決定し，新プロジェクト「財務諸表における気候関連リスク」を2023年3月に立ち上げた。本コラムでは，その一環で議論された「気候関連コミットメント」の会計について解説する。

【設例】2025年5月，A社は年間の温室効果ガス（GHG）排出量を徐々に削減し，2030年12月31日までにネットゼロ移行を達成する計画を公表した。現在の年100万トンの排出量を2030年12月31日時点で40万トンまでにし60％を削減する予定であり，2030年およびそれ以降はカーボンクレジットを購入することで残りの年間排出量を相殺して正味ゼロにする計画である。A社は，移行計画の公表に加え，このコミットメントを履行する意思を公に確認する行動をとる。なお，A社の決算日は12月31日，決算報告日は翌年3月1日である。また，前年のGHG排出量の実績値は1月30日までに確定し，カーボンクレジットは決算報告日以降に購入する。

　この【設例】で，A社はGHG削減・相殺のコミットメントに対して引当金を計上すべきであろうか。計上するとしたら，いつの時点であろうか。

　引当金とは時期または金額が不確実な負債であり，国際会計基準（IAS）第38号では次の3つの要件をすべて満たしたときに財務諸表に計上しなければならないとされている。すなわち，①企業が過去の事象の結果として現在の義務（法的または推定的義務）を有しており，②当該義務を決済するために経済的便益を有する資源の流出が必要となる可能性が高く，③その金額について信頼性のある見積りができる，の3つである。ここで，推定的義務（constructive obligation）とは，企業の

155

第Ⅲ部
企業価値の測定と評価

実務慣行，方針，声明などにより，企業が当該義務を果たすであろうという妥当な期待を外部者に抱かせるものをいう。以下，【設例】について，それぞれの要件を検討してみよう。

　まず，要件①に関しては，GHGの削減・相殺が法律等で定められていないA社独自の目標であれば，法的義務にはならない。一方，推定的義務に該当するかどうかは慎重で多面的な検討を要するが，例えばA社が同種の目的を達成した実績があるなど，外部者に妥当な期待を抱かせる状況がある場合には，推定的義務になる可能性がある。かりに推定的義務であるとすれば，次に検討すべきは，それが「過去の事象の結果として生じた現在の義務」であるか否かである。

　IAS第37号第19項によれば，引当金として計上されるのは「企業の将来の行動（すなわち将来の事業遂行）とは関係なく存在する過去の事象から生じる義務のみ」である。このことから，A社が移行計画を公表した2025年の時点では，例えば今後GHG排出量を削減するためにエネルギー効率に優れた設備を購入する必要があるとしても，それは将来に事業を遂行するためのコストであるため，過去の事象の結果として生じたものとはみなされない。この状況は2029年まで続く。

　しかし，ネットゼロを約束した2030年のGHG排出量が確定すると，状況は変化する。この時点で，A社自身のGHG排出量がゼロになっていない限り，コミットメントを果たすためにはカーボンクレジットを購入しなければならないので，その購入は「過去の事象」（2025年の移行計画の公表および2030年のGHGの排出）の結果として生じた「現在の義務」となる。したがって，これは要件①を満たすことになる。

　次に要件②を検討しよう。2030年までにGHG排出量を60％削減するうえで必要となる新規設備の購入支出は，義務を決済するための経済的便益を有する資源の流出にはあたらない。一方的に資源が流出するわけではなく，それと引き換えに他の資源を取得できるからである。他方，2030年以降においては，カーボンクレジットの購入支出は，反対給付を伴わない義務の決済にあたるので，要件②を満たす。

　最後に，要件③について，この【設例】では設備の購入であれ，カーボンクレジットの購入であれ，その金額は容易に信頼性をもって見積ることができる。以上のことから，次の結論が得られる。

コラム5
気候関連コミットメントの会計

- ・A社は2025年のネットゼロ移行計画の公表時，その時点では，推定的義務は過去の事象の結果としての現在の義務ではないので，引当金を計上しない。
- ・A社は相殺を約束したGHGを排出するまで，過去の事象の結果としての現在の義務を有していないため，2026年から2029年の間にも引当金を計上しない。
- ・2030年およびそれ以降においては，A社のGHG排出量が確定すると，過去（つまり当該年度）の排出量を相殺する現在の義務が発生する。決算日には，この義務をまだ決済しておらず，その金額について信頼できる見積りが可能なので，引当金を計上する。

　したがって，A社の2030年の決算では，確定した2030年のGHG排出量に応じて，引当金を計上する。例えば，2030年12月31日の決算日以降，2031年1月30日までに2030年のGHG排出量実績値が確定し，60％の削減目標を達成して40万トンだったとしよう。この時点で，ネットゼロを達成するための40万トンの相殺に必要となるカーボンクレジットの購入代金が200万ドルと見積られたとすると，200万ドルを引当金として負債に計上し，2031年3月1日に決算報告することになる。
　このように，気候関連コミットメントは，当初は引当金として負債を計上する必要がないケースでも，時間の経過に伴って財務諸表にそれがオンバランスされてくる可能性がある。そのことを外部者が適切に理解できる情報開示が望まれるが，現状では【設例】のケースは財務諸表への注記が求められる偶発負債の定義を満たさないため，財務諸表本体やその注記においては開示されない。
　そこで重要になるのが，サステナビリティ関連財務開示と財務諸表とのコネクティビティ（connectivity：接続性）である。例えば，サステナビリティ関連財務開示は，【設例】のように，後に財務諸表において認識される事象を先取りしているかもしれない。企業の財務業績，財政状態，およびキャッシュフローに気候関連のリスクと機会が及ぼす影響について，サステナビリティ関連財務開示と財務諸表が一貫したデータと仮定を使用して整合的に作成されるならば，両者は相互補完的で有用な情報を提供することができる。そうしたことから，ともにIFRS財団の傘下にある国際サステナビリティ基準審議会（ISSB）とIASBは，一般目的財務報告におけるサステナビリティ関連財務開示と財務諸表とのコネクティビティを高めていくという方針を表明しているのである。

第Ⅲ部
企業価値の測定と評価

参考文献

赤塚尚之（2021）「気候関連リスクと引当金会計」『滋賀大学経済学部研究年報』28，pp.75-101。

IASB（2024）IASB Update April 2024, https://www.ifrs.org/news-and-events/updates/iasb/2024/iasb-update-april-2024/

第6章
サステナブル経営を実現する
企業価値評価

　現在，サステナブル経営は，どちらかというと株主・投資家にとって望ましい「環境・社会価値を包含する経済価値」を創造する取り組みであるとの認識が広まっている。しかし，環境・社会問題の解決というサステナブル経営の本来の趣旨に立ち返り，それを実現するためには，そうではなく株主・投資家を含めたすべてのステークホルダーにとって望ましい「経済価値を包含する環境・社会価値」を創造する取り組みとして認識され，かつ評価されなければならない。本章では，サステナブル情報開示や企業価値評価の現状や動向を実務と学術の両面から考察し，望ましいサステナブル経営を実現するためのそれらのあり方を模索する。

第Ⅲ部
企業価値の測定と評価

1. ▶ サステナブル経営と情報開示

　環境・社会問題が顕在化し始めた1990年代以降，社会からの要請もあり，多くの企業がサステナブル経営に取り組んでいる。企業による経済活動が環境・社会問題を引き起こしている一方で，その解決には企業がもつリソースやノウハウが不可欠だからだ。またその背景には，以前は政府が環境・社会問題の解決に向けて取り組むことで企業は経済活動に集中することができたが，政府だけでは解決できないほど環境・社会問題が大きくなったことが挙げられる（西谷 2022b）。

　このようなことから，サステナブル経営は長らく社会的責任を果たすための取り組みとみなされてきたが，近年では，それをビジネスチャンスとして捉え，積極的に取り組むことによって（株主・投資家にとっての）企業価値を向上させようという考え方も広がっている。しかし，単にサステナブル経営に取り組むだけであれば，本当のところは，社会的責任を果たしたことにはならないし，企業価値も向上しない。なぜならば，たとえサステナブル経営に取り組んだとしても，企業の外部にはそれがみえないため，社会的責任にせよ企業価値にせよ評価ができないからだ。このことから，少なくともサステナブル経営では，良いことをしていれば何もいわなくても評価されるはずだという考えは正しくない。むしろ，何もいわなければ何もしていないとみなされかねない。したがって，目的が何であれそれを達成するためには，企業は，株主・投資家を含むステークホルダー（利害関係者）がサステナブル経営，ひいてはそれに取り組んでいる企業をきちんと評価できるように，サステナブル経営に関する情報，いわゆるサステナブル情報を開示することが不可欠となる。

　また，環境・社会問題は，企業がサステナブル経営に取り組んだからといってすぐに解決できるものではないために，企業はサステナブル情報を開示して終わりではなく，開示とその評価のループをまわしていくことによって，

160

サステナブル経営を改善していく必要がある。そのためにも評価の対象とし
てサステナブル情報開示は非常に重要な役割を担っている。

　サステナブル情報開示は，財務情報開示と異なり，基本的には企業の裁量
に任されている。そのために，企業は，サステナブル情報開示の目的が何で
あれ，その目的を遂行するために，自由に開示内容を決めることができる。
しかし，近年，上場企業，その中でも特に大企業を対象に気候変動関連や人
的資本情報開示の義務化が進んでいる。これら企業のサステナブル経営が環
境・社会問題の改善に与える影響は大きいために，こうした動きは望ましい
かもしれない。しかし，一方で，義務化の背景には，サステナブル情報が主
に株主・投資家に向けた情報として捉えられており，このままだと，経済価
値というサステナブル経営がもたらす価値の一部だけが評価されることにな
りかねず，環境・社会価値が軽視され，むしろ望ましい形からは乖離してし
まう。つまり，環境・社会価値が経済価値に大きく制約される（環境・社会
価値が経済価値に包含される）ことにより企業が本来果たすべき役割が限定
され，株主・投資家にとっての企業価値が必ずしも他のステークホルダーに
とっての企業価値とは一致しなくなる。一方で，企業は営利団体であること
から経済価値を無視した経営を行うことはありえない。そのために，現在の
「環境・社会価値を包含する経済価値」から「経済価値を包含する環境・社
会価値」に均衡が移行することが求められる。

　そこで本章では，サステナブル情報開示や企業価値評価の現状を考察し，
望ましいサステナブル経営を実現するためのそれらのあり方を模索する。

2. ▶ 社会的責任から企業価値向上へ

　近年，企業のサステナブル経営に対する認識が，「社会的責任を果たすため」
から「価値向上に向けたビジネスチャンス」に変わりつつある。日本におい
ても同様で，こうしたトレンドの変化は特に上場企業で顕著であり，例えば，

第Ⅲ部
企業価値の測定と評価

環境省「環境にやさしい企業行動調査[1]」各年によると，環境経営（≒サステナブル経営）を社会的責任と考えている上場企業は，2009年には78％であったのが2018年には54％にまで大きく減少している一方で，ビジネスチャンスと考えているのは19％から38％へと大きく増加している。他方，非上場企業では，こうした傾向は上場企業ほどではなく，社会的責任と考える非上場企業は83％から60％に大きく減少しているものの，ビジネスチャンスと考えるのは10％から13％へとわずかしか増加していない。

　ここから見て取れるのは，サステナブル経営に対して，ステークホルダーの中でも特に株主・投資家の影響力が年々大きくなっていることが，サステナブル経営を社会的責任としてよりも価値向上に向けたビジネスチャンスとして取り組むべきであるとの考えに影響している可能性が高いということである。この背景には，株主・投資家が，2008年に起こった金融危機をきっかけにショートターミズム（短期主義）がもたらす弊害に気づき，環境・社会問題から派生する中長期的な機会や費用に着目し始めてきたことが挙げられる。例えば，2015年には世界最大規模の機関投資家である日本の年金積立金管理運用独立行政法人（GPIF）が国連責任投資原則（PRI）に署名している。また，環境・社会・ガバナンス（ESG）投資に対する世界全体の投資額が2015年の662億ドルから2021年の9,281億ドルまで拡大している（三菱総合研究所 2022）。つまり，株主・投資家の間で，企業価値を向上させるためには財務的側面だけでなく，環境・社会への対応という非財務的側面も重要という認識が広まっており，その結果，企業でも通常の企業活動から切り離してサステナブル経営に取り組むのではなく，本業を通したビジネス（チャンス）として取り組むべきだという機運が高まっていると考えられる。

　こうしたトレンドの変化に伴って，サステナブル情報開示を取り巻く環境にも変化がある。例えば，サステナブル情報開示を行う主要な媒体として，統合報告書の発行が広まっている。特に，2013年に国際統合報告評議会

---

1)　詳細は下記にある環境省のURL参照。https://www.env.go.jp/policy/j-hiroba/kigyo/index.html

（IIRC）が国際統合報告フレームワークを公表した後はそれが顕著で，企業価値レポーティング・ラボが公表している「国内自己表明型統合レポート発行企業等リスト2023年版[2]」によると，日本においても（自己表明型[3]）統合報告書を発行する企業等が2013年は90社だったものが2023年には1,017社にまで増加している。

　いわゆるサステナブル報告書（環境報告書やCSR（企業の社会的責任）報告書を含む）と統合報告書には以下のような違いがある。サステナブル報告書は，CSR報告書というタイトルが使われることからもわかるように，社会的責任の観点からさまざまなステークホルダーに向けて，企業のサステナブル経営や環境・社会パフォーマンスに関する情報を開示するものである。一方で，統合報告書は，さまざまなステークホルダーに向けて作成されたサステナブル報告書をそのまま株主・投資家が活用するには限界がある（例えば，さまざまなステークホルダーのそれぞれの情報ニーズを満たすために情報量が膨大であることや，開示内容が必ずしも株主・投資家にとっての企業価値向上につながるものではないことが挙げられる）との認識のもと，財務情報と非財務情報を統合した長期的な価値創造プロセスを簡潔に開示するものである。なお，単に財務情報と非財務情報を1冊にまとめたものが統合報告書ではなく，長期的な価値創造に向けた統合思考がベースとなっていなければならない。実際，国際統合報告フレームワークには，統合報告書の主要な読者は株主・投資家であると明記されている（ただし二次的には他のステークホルダーにとっても有益とされている）。

　また，企業がサステナブル情報を開示する際には，通常，その開示基準を提供するガイドラインやフレームワークを参考にするが，近年，株主・投資家に向けた情報開示を促進する国際フレームワークが増えている[4]。例えば，

---

2)　詳細は下記にある企業価値レポーティング・ラボのURL参照。https://cvrl-jp.com/archive/pdf/list2023_J.pdf
3)　必ずしも統合報告フレームワークに沿ったものとは限らない。
4)　詳細は下記にある日本取引所グループのURL参照。https://www.jpx.co.jp/corporate/sustainability/esgknowledgehub/disclosure-framework/05.html

第Ⅲ部
企業価値の測定と評価

　国際報告イニシアティブ（GRI）は，さまざまなステークホルダーに向けた説明責任メカニズムを提供しているものの，近年では，環境・社会だけでなくガバナンスにまでその対象を広げている。また，IIRCは，株主・投資家を主要な読者とした企業の長期的な価値創造プロセスに関する国際統合報告フレームワークを公表している。その他にも，サステナビリティ会計基準審議会（SASB）は，株主・投資家の中長期的な意思決定に役立つESG情報の開示基準を策定している。なお，IIRCとSASBは2021年に合併し価値報告財団（VRF）となり，さらに現在では，国際会計基準を策定する国際会計基準（IFRS）財団に総合されている。

　それらに加え，金融安定理事会（FSB）によって設立された気候関連財務情報開示タスクフォース（TCFD）は，財務に影響する気候関連情報を開示するためのTCFD提言を公表しているし，CDP（旧カーボンディスクロージャープロジェクト）は，世界の機関投資家の要請を受けて，企業や自治体に気候変動，森林，水資源に関する情報開示を要請し，それを公開する国際的なプラットフォームを提供している。なお，IFRS財団はTCFDの提言を受け，サステナブル情報開示における国際的な基準策定のため内部組織として国際サステナビリティ基準審議会（ISSB）を設立している。

　一方で，基準が異なる国際フレームワークが乱立していることは，企業にとって何を開示すべきかが不明瞭である，また情報利用者にとって異なる基準で開示されている内容を比較することは容易ではないといった観点から問題視されている。そのために，2020年には，GRI，SASB，IIRC，CDP，気候変動開示基準委員会（CDSB）が包括的な企業報告に向けた共同声明を出したほか，TCFD提言に基づく「企業価値に関する報告—気候変動財務開示基準プロトタイプの例示」を公表するなど，基準の統一へ向けた動きが進んでいる。また，IFRS財団もISSBを通して，上記の5団体が公表したプロトタイプの例示をもとに，株主・投資家の投資意思決定に役立つためのサステナビリティ開示基準を2023年に公表しているが，開示内容の一貫性を確保するために欧州委員会やGRIなどと協調していくことを明記している。

第6章
サステナブル経営を実現する 企業価値評価

　こうした動きは，政策立案者の間でもサステナブル情報を株主・投資家の意思決定に役立つ情報として開示すべきであるとの認識が広まっていることを示唆している。特に，先ほどの5団体の共同声明では，サステナブル情報は株主・投資家だけでなくさまざまなステークホルダーの情報ニーズを満たすべきであるとされているものの，国際会計基準の策定を起源とするIFRS財団が開示基準を制定する中心的役割を果たしているということは，サステナブル情報を株主・投資家保護のために財務情報と同じような基準で開示する必要性が政策レベルで求められている可能性を示している。実際，以上の国際フレームワークは日本の政策にも反映されており，例えば，コーポレートガバナンス・コード改訂や内閣府令改正によって東証プライム上場企業はTCFDまたはそれと同等の枠組みに基づく情報開示が義務化されている。

　つまり，サステナブル情報を社会的責任よりも（株主・投資家にとっての）企業価値向上のための情報として開示する傾向が強くなっているのは，株主・投資家の影響力が強くなっていることだけでなく，株主・投資家保護の観点から政策がそちらに大きく舵を切っていることによりその傾向が加速していることに起因している。こうしたトレンドは，もし株主・投資家の情報ニーズがその他のステークホルダーの情報ニーズと相反しないならば，環境・社会・経済の両立という観点からも望ましいといえるが，しかしそうでない場合は，サステナブル経営の名のもとで官民一体となって株主・投資家の利益を最重要視する株主資本主義を推し進めているに過ぎない。

　こうした懸念は実務からも挙がっており，米国の経済団体であるビジネス・ラウンドテーブルが2019年に公表した声明や，それを受けた2020年の世界経済フォーラム（ダボス会議）では「株主資本主義」から「ステークホルダー資本主義」への転換が提唱されている。つまり，企業（経営者）からも株主・投資家の利益だけを追求するのではなく，さまざまなステークホルダーの利益にも配慮すべきとの声が挙がってきている。環境・社会と経済の関係がwin-winになれば望ましいが，それらの関係はそれだけではない（西谷・國部 2019）。また，win-winになる環境・社会問題だけに取り組むと，短期的

165

第Ⅲ部
企業価値の測定と評価

には利益になるかもしれないが，win-loseになる環境・社会問題をも解決し
なければ，長期的には企業（株主・投資家）だけが儲かるということにはな
らないだろう（松下 1978）。このような観点からも，「株主資本主義」と「ス
テークホルダー資本主義」は必ずしも相反するものではなく，（さまざまな
ステークホルダーが期待する）環境・社会問題を解決して初めて（株主・投
資家が期待する）経済が長期的に成長する，もしくはそうすることなしには
成長できないと考えることができる。

　しかし，現状では，どちらかというと，社会的責任よりも（株主・投資家
にとっての）企業価値が重視され，かつ企業価値を評価する際の視点が経済
価値に大きく寄っている。だが，こうした形のサステナブル経営は，環境・
社会・経済の全体の価値を向上させるわけではなく，部分最適に過ぎない。
このことを鑑みると，株主・投資家保護を前面に出して，経済価値のために
環境・社会問題を解決するのではなく，ステークホルダー資本主義が提唱さ
れているように，環境・社会問題を解決することが結果として経済価値にも
つながるというサステナブル経営を希求しなければならない。

3. ▶ 学術ではどうみているのか

　企業がサステナブル経営に取り組み，そしてその情報を開示するにあたり，
学術はそのことをどうみているのだろうか。サステナブル経営とは，これま
での議論からもわかるようにステークホルダーとの関係を構築する取り組み
ともいえることから，特にサステナブル情報開示の場合，誰が企業にとって
影響力のあるステークホルダーなのか，すなわち，どのステークホルダーか
らの評価が重要なのかというのが1つの焦点となっている。そのための理論
的背景として，正統性理論，自主開示理論，ステークホルダー理論がよく用
いられている。

　正統性理論は，企業はそもそも存在する権利をもっておらず，社会（さま
ざまなステークホルダー）に向けて正統性を主張することによって，社会と

の契約が締結され，その権利をもつことができると考える。そして，正統性を主張するには，社会の役に立つ存在であることが重要であることから，企業は社会的責任を果たすための取り組みとしてサステナブル経営に取り組み，その情報を開示していると想定している。特に，これまでサステナブル経営に積極的に取り組んでこなかったり（または，環境・社会パフォーマンスが悪かったり），企業の属性（例えば，企業規模が大きい，環境負荷の大きな産業に属している）から環境・社会に負荷をかけていると思われたりしている企業の方が，正統性を主張する必要性が高くなるために，よりその傾向が強いと考えられている。

自主開示理論は，サステナブル経営が財務・業績に影響しうることから，サステナブル情報には，財務情報と同じく財務的な説明責任を果たす役割があると想定している。そのために，サステナブル情報は，株主・投資家にとって情報の非対称性から生じる逆選択を解消するための重要な情報であるため，サステナブル経営に積極的に取り組んでいる（または，環境・社会パフォーマンスが良い）企業の方がより情報を開示すると考えられている。

これらの理論では，サステナブル情報の主な読者が，それぞれさまざまなステークホルダー，もしくは株主・投資家であるとみなしているために，これらの理論を対立軸に研究が行われることも多い。なお，長らく正統性理論を支持する研究が多数を占めていたが，近年では自主開示理論を支持する研究も増えており，こうした研究の推移は，サステナブル経営やサステナブル情報開示が社会的責任を果たすための取り組みから（株主・投資家にとっての）企業価値向上のための取り組みに変わりつつあることと整合的である。

一方で，ステークホルダー理論は，正統性理論と同様に，企業が活動を行うにはステークホルダーからの支持が重要と考える。ただし，正統性理論がすべてのステークホルダーを等しく重要であるとみなしているのに対して，ステークホルダー理論はどのステークホルダーがより重要なのかに焦点をあてている。つまり，影響力のある特定のステークホルダーに向けて社会的責任を果たすためにサステナブル経営やサステナブル情報開示を行っていると

167

第Ⅲ部
企業価値の測定と評価

考えている。しかし，ステークホルダー理論には多くの系譜があるため，この理論は必ずしも社会的責任だけに焦点をあてているわけではない。研究によっては，財務的な説明責任をはじめとした経済的な観点からもステークホルダー（例えば，株主・投資家，顧客）が影響するという解釈もなされている。

これらの理論をデータによって証明する際には，環境・社会への取り組み（およびパフォーマンス）とサステナブル情報開示（特に開示量）の関係，もしくは，ステークホルダーの影響力とサステナブル情報開示の関係が用いられることが多い。そして，それらの関係の正負から，どのステークホルダーがサステナブル情報の主な読者なのか，またどのステークホルダーからの評価が企業にとって重要なのかが明らかにされている（例えば，Clarkson et al. 2008; Cho et al. 2012）。

しかし，開示の量がサステナブル情報開示の目的を本当に反映しているのかという懸念から開示の質に焦点をあてた研究も出てきており（例えば，Hummel and Schlick 2016; Park et al. 2023），そうした研究では環境・社会への取り組みが良い企業ほど質の高い情報を，そしてそれが悪い企業ほど質の低い情報を開示することを明らかにしている。また，それ以外にも情報を開示する際の表現や情報を開示する媒体に着目した研究もある（例えば，Cho et al. 2010; Nishitani et al. 2021）。そのうえで，質の良し悪し，表現，媒体に着目すると，正統性理論と自主開示理論は，対立する理論ではなく，正統性（もしくは社会的責任）と財務的な説明責任は必ずしも矛盾するものではない可能性を示している。

なお，サステナブル経営やサステナブル情報開示に対する評価の観点からは，正統性理論，自主開示理論，ステークホルダー理論を使った多くの研究は，必ずしもステークホルダーによる評価を直接明らかにしているわけではない。厳密にいえば，あくまでも企業がステークホルダーからのどのような評価を期待して情報を開示しているかを明らかにしているに過ぎないため，「期待どおりに評価されるはずだ」という間接的なものに留まっている。

第6章
サステナブル経営を実現する 企業価値評価

　一方で，これらの理論をもとに，サステナブル情報開示と株主・投資家や
ステークホルダーの評価を直接分析している研究も出てきており，代表的な
研究には以下のようなものがある。まず，正統性理論と自主開示理論を対比
させて，サステナブル情報開示と株価の関係を分析し，正の相関があれば自
主開示理論が支持され（例えば，Clarkson et al. 2019; Helfaya et al. 2023），
負の相関，もしくは相関関係がなければ正統性理論が支持される（例えば，
Clarkson et al. 2019; Liu and Zhang 2017; Nwaigwe et al. 2022）とする研究
である。前者は，サステナブル経営やその情報開示を株主・投資家がきちん
と評価しているとみなしている一方で，後者は，それらは追加コストがかか
るような取り組みであるために，株主・投資家の情報ニーズを満たしていな
いだけでなく，コスト─ベネフィット関係を超えた正統性や社会的責任であ
るとみなしている。次に，サステナブル情報開示と企業の評判に正の相関が
あれば正統性理論が支持されるとする研究である（例えば，Arora et al.
2021; Castilla-Polo and Sánchez-Hernández 2021）。こうした研究は，正統性
も（世間の）評判も企業に対する社会の承認を表しているものであることを
前提にしている。最後に，サステナブル情報開示と株価には直接の関係はな
いものの，企業の評判を通して初めてサステナブル情報開示が株価に影響す
るという研究である（例えば，Bravo 2016; Pham and Tran 2020）。こうし
た研究は，社会を満足させて初めて株価にも影響することを示唆しており，
直接的な評価の観点からも，正統性（もしくは社会的責任）と財務的な説明
責任は必ずしも矛盾するものではないだけでなく，評価が経済価値を環境・
社会価値の中に包含させた望ましいサステナブル経営を促進していく可能性
を示している。

　以上より，学術においては，サステナブル経営やその情報開示に対して，
実務と同様に，社会的責任と企業価値向上の両面からみられてきたことがう
かがえる。しかし，社会的責任か企業価値という二者択一の観点から考察さ
れることが多く，それだけではサステナブル経営やその情報開示の役割の一
部をみているに過ぎない。また，二者択一を前提とした研究によって，サス

169

第Ⅲ部
企業価値の測定と評価

テナブル情報開示の目的が社会的責任を果たすためから（株主・投資家にとっての）企業価値向上のために変わりつつあることを明らかにしただけでは，むしろ，サステナブル情報開示の役割（目的）が一部しかないという（間違った）認識を助長しかねない。しかし，最近では，社会的責任と企業価値向上は両立しうることや社会的責任を果たして初めて企業価値が向上する可能性についても検討され始めていることから，こうした研究が，実務における「株主資本主義」から「ステークホルダー資本主義」という流れを促進し，その結果，望ましいサステナブル経営が波及していくことが望まれる。

4. ▶ サステナブル情報を評価する際に考慮すべき概念

サステナブル情報開示が財務情報開示と違い，基本的には企業の裁量に任されていることは，企業が目的に沿って自由にサステナブル情報の開示内容を決めることができるという点において大きな利点がある。一方で，サステナブル情報の（異なる）読者が，そうした定型化されていない情報をそのまま評価することは難しい。そのために，それを評価する際に考慮すべき概念がいくつかある。

まず挙げられる概念がマテリアリティである。マテリアリティとは，企業が環境・社会と自社が持続可能に発展していくために優先して取り組むべき重要課題のことであり，企業が自社のサステナブル経営をステークホルダーに開示する際の重要な基準となっている。企業がマテリアリティを特定する際には，持続可能な開発目標（SDGs）の課題やステークホルダーとの関係性などが考慮される。そのために，ステークホルダーは，企業を評価するにあたり，マテリアリティによって，その企業がどういった目的で，どういった環境・社会問題を特に重視し，そしてどのようにその解決のために取り組んでいるかを知ることができる。

マテリアリティには，シングルマテリアリティとダブルマテリアリティという2つの考え方がある。まず，シングルマテリアリティとは，環境・社会

170

問題が，企業活動に与える影響に焦点をあてた考え方である。すなわち，シングルマテリアリティは，企業価値を向上させるために企業が財務的側面に影響しうる環境・社会問題にどのように取り組んでいるのかを示す指標となる。こうした特徴から，シングルマテリアリティが想定するサステナブル情報の読者は株主・投資家であることから，評価の対象はあくまでも経済価値となり，環境・社会価値は，経済価値を向上させる対象でしかないといえる。

　一方で，ダブルマテリアリティとは，環境・社会問題が，企業活動に与える影響だけではなくて，企業活動が環境・社会問題に与える影響をも重視する考え方である。すなわち，経済価値だけが企業価値ではなく，環境・社会価値をも含めて企業価値であるという視点に立った指標である。ダブルマテリアリティは，すべてのステークホルダーにとっての評価対象になる一方で，株主・投資家にとっても，シングルマテリアリティ（経済価値）のみでは企業価値を評価できないという課題を補完するものである。現在，ダブルマテリアリティの重要性が高まっており，先述したwin-loseになる環境・社会問題をも解決しなければ，長期的に経済だけがwinになることはありえない（また，そうした環境・社会問題が将来的には経済にも影響する）という考え方が，株主・投資家にも浸透しつつある可能性を示唆している。

　もちろん，経済価値を環境・社会価値の中に包含させるという観点からは，シングルマテリアリティよりもダブルマテリアリティの方が望ましいことはいうまでもない。ただし，近年，マテリアリティを時代とともに変化する動的なものとして考えるダイナミックマテリアリティという考え方も出てきている。

　次に挙げられる概念が保証である。サステナブル情報開示はあくまでも企業の自主的な情報開示であることから，保証は，特に第三者がその役割を担うことによって，開示情報の客観性や信頼性を高めることができる。そのために，特に，株主・投資家が財務情報と同様にサステナブル情報を利用する際に役立つと考えられている。具体的な方策としては，第三者保証や第三者意見が挙げられる（西谷ほか 2014）。第三者保証とは，監査法人等の第三者

機関がサステナブル情報の記載内容について，適切な作成基準に従って作成されているかどうかを審査し，それらの正確性などを明らかにするものである。一方で，第三者意見とは，日本独自の方策であり，第三者機関や有識者等がサステナブル情報の記載内容について評価や勧告等の意見を表明したり，その背景にある企業の取り組みに対して意見を表明したりするものである。

これらのうち，客観性や信頼性を高めるという観点では，第三者保証の方が望ましい。しかし，日本の実務においては，第三者意見と比べて第三者保証が進んでいるというわけではない（Nishitani et al. 2020）。このことから，サステナブル情報の読者（特に，株主・投資家）は，第三者を仲介させて情報内容の客観性や信頼性を求めているものの，厳格性までは求めていないといえる。もしくは，第三者保証が保証するのは開示されているサステナブル情報全体ではなく，一部の内容を保証しているに過ぎないため，保証そのものをそれほど評価していないのかもしれない。実際に，現時点では，第三者保証があるからといって必ずしも株主・投資家がサステナブル情報開示をより高く評価しているとは限らない（Nishitani et al. 2020）。ただし，保証の対象が，マテリアリティに起因するものであったり，株主・投資家の情報ニーズにマッチしたものであったりするならば，有効に機能することが期待できるのではないか（西谷 2022a）。

最後に挙げられる概念が，ウォッシング（ウォッシュ）である。ウォッシングとは，サステナブル経営の実態が伴わないにもかかわらず，サステナブルなイメージをつくるために，実態以上に取り組みを行っているとアピールすることをいう。この概念は，「うわべを飾る」，「ごまかす」を意味するホワイトウォッシュから来ており，環境面におけるグリーンウォッシュ，社会面におけるブルーウォッシュ[5]，SDGsにおけるSDGsウォッシュといった造語として使用されている。学術的には，ウォッシングは，（印象を操作するだけの）象徴的正統性とされており，正統性の中でも社会的責任のためであ

5）国連の旗の色であるブルーにちなんでいる。

第6章
サステナブル経営を実現する 企業価値評価

る実質的正統性とは区別されている。なお，都合の良い情報だけを抜き出して開示するチェリーピッキングもウォッシングに近い概念である。マテリアリティや保証が企業の自主的な判断で開示されるサステナブル情報を好意的に評価するための材料になる一方で，ウォッシングやチェリーピッキングは，自主的な情報開示がゆえの正しい評価を阻害する負の側面として問題視されている。

ウォッシングには，環境・社会への取り組みに対して，実態以上にみせかけることだけでなく，表現によって印象操作することも含まれる（Cho et al. 2010）。また，注意が必要なのは，win-winになる環境・社会問題だけに取り組んでいる企業がサステナブルを（過大に）アピールすることもウォッシングになりかねないことである。本来ならば，（ステークホルダーは短期利益を求める株主・投資家に限らないために）経済がloseとなるような環境・社会問題にも取り組むことが期待されているにもかかわらず，経済がwinにならない限りそれに取り組むことはないため，結局，通常の企業（経済）活動に過ぎないからだ。実際，経済的インセンティブだけでは企業の環境・社会問題への取り組みが限定されてしまい，その結果，ウォッシングが引き起こされる可能性が指摘されている（Nishitani et al. 2024）。また，ウォッシングは，情報を開示する企業にとっても，結果として，自社の評判を落とし，企業価値を低下させかねない。

以上を踏まえると，マテリアリティ，保証，ウォッシングと評価の関係については以下のように説明できる。まず，サステナブル情報は，どういった内容が企業価値につながるのかは企業によって異なる。そのために，ウォッシングの懸念があるからといって義務化によって画一的な不必要な情報までも開示しなければならなくなると，余計な手間やコストがかかり，かえって企業価値を低下させてしまいかねない。また，現状では，評価の対象が主に経済価値となりがちであるために，開示すべき情報がその範囲に限定されてしまうことも懸念される。そうした中，マテリアリティはその企業にとっての環境・社会問題から派生する重要課題やそれに対する姿勢（経済価値に留

173

第Ⅲ部
企業価値の測定と評価

まるのか，それ以上なのか）を可視化させ，また保証がつけばその情報の信頼性を向上させることから，読者が企業のサステナブル経営を評価する際に重要な役割を果たす。ただし，現状では，特に保証については，目的に沿ってうまく機能しているとはいえないために，そのあり方や対象については，再考が必要である。

　一方で，ウォッシングは，株主・投資家がサステナブル情報を評価するようになってきた近年，特に問題視されるようになっており，それに対応するために，各国でウォッシングを取り締まる法整備も進んでいる。また，株主・投資家に向けた情報開示の義務化が進んでいることは先述したとおりである。それでも，開示された情報だけで，ウォッシングが否かを判断することは難しい。しかし，第三者評価機関による格づけなどと一緒に複合的に評価すれば，ある程度正しい評価ができると考えられる（ただし，評価機関によって評価基準が異なることには注意が必要である）。

5. ► 望ましい企業価値評価に向けて

　これまでみてきたとおり，サステナブル経営やサステナブル情報を評価するにあたっては，結局，評価者がそれに何を求めているのかに依存する。そして，サステナブル経営に対して株主・投資家の影響力が強くなってきたことと，それに伴い，株主・投資家保護のための政策がとられていることから，現在は，株主・投資家が求めている企業価値（特に経済価値）が主要な評価の対象とみなされている。

　また，学術においても，サステナブル情報開示を対象にした研究がそうした動きと整合的な結果を見出しているだけでなく，例えば，ファイナンス分野においてESG投資やサステナブルファイナンスに関する研究が増えてきているように，これまでサステナブル経営を主要な研究対象としていなかった分野でもそれが研究されるようになってきたことも，この流れを促進する一助になっていると考えられる。

第6章
サステナブル経営を実現する 企業価値評価

　しかし，繰り返すが，サステナブル経営がもたらす価値は，経済価値だけに留まらない。そもそも，（サステナブル経営の由来となる）サステナブルデベロップメント（持続可能な開発）とは，「将来の世代の欲求を満たしつつ，現在の世代の欲求も満足させるような開発」を意味するため，サステナブル経営の本来の趣旨を理解しているならば，経済価値が見込めないような環境・社会問題には取り組まなくてもよいというふうにはならないはずである。むしろ，環境・社会問題を解決し，その結果として経済価値もがもたらされるようにサステナブル経営を方向づけなければならない。

　そして，そのためには，現在，株主・投資家がサステナブル経営に特に大きな影響力をもっていることを鑑みると，環境・社会問題を解決することがあらゆるステークホルダーにとっての価値を向上させ，結果としてそれが株主・投資家にとっての価値（経済価値）にもつながるという認識が，特に株主・投資家の間で，広まる必要がある。そうすれば，株主・投資家が望ましいサステナブル経営をけん引することによって，現在の「環境・社会価値を包含する経済価値」から望ましい「経済価値を包含する環境・社会価値」への均衡への移行が期待できる。このことについては，実務だけでなく，学術においても注目され始めていることは，述べたとおりである。

　そして，その1つの大きなきっかけになりうるのが，インパクト投資である。インパクト投資は，ESG投資と同様に環境・社会価値と経済価値の両立を追求する投資であるが，ESG投資が，どちらかというと環境・社会問題が企業に与える影響を重視する一方で，技術革新などによる環境・社会への影響をも重視する点において異なっている。インパクト投資は，経済価値を軽視するものではなく，ESG投資がリスクとリターン（経済への影響）の2軸でサステナブル経営を評価するのに対して，インパクト投資はそれに加えてインパクト（環境・社会への影響）の3軸でそれを評価することから，望ましいサステナブル経営に向けてESG投資の欠点を補完するものである。そして，一定の経済価値の確保を図りつつも，投資がどれだけ環境・社会価値を向上させるのかや，それを実現する戦略や因果関係が何なのかを特定す

175

第Ⅲ部
企業価値の測定と評価

る点に特徴がある[6]。

SDGsをはじめ環境・社会価値が（株主・投資家の間でも）注目されている現状では，インパクト投資をきっかけとした環境・社会価値と経済価値の両立（全体価値のパイの拡大）という考え方は，株主・投資家が企業を評価する際の新たな視点になりうる。これまでのところ，インパクト投資が大きく普及しているとまではいえないが，このような環境・社会価値を重視する投資手法が出てきているということは，投資の分野においても，短期的に経済価値につながる環境・社会問題に対応するだけでは，結局は，長期的な経済価値の減少やリスク増大につながる，もしくは，「環境・社会価値」をより重視すれば，企業価値全体をより望ましい形で評価することができるとの認識が出てきていることを示唆している。

企業が「株主資本主義」から「ステークホルダー資本主義」への転換や，「シングルマテリアリティ」から「ダイナミックマテリアリティ」への転換を模索しているだけでなく，株主・投資家が「ESG投資」から「インパクト投資」への移行を意識し始めていることは，実務において，「環境・社会価値を包含する経済価値」から「経済価値を包含する環境・社会価値」への均衡に向けて実際に動き出していることを示唆している。この点において新たな視点での企業価値評価は重要な鍵となっている。しかし，そうした動きをさらに加速させるには，現在のESG関連の政策が経済価値を優先していることを考慮すると，その修正が不可欠である。特に，株主・投資家の企業価値に対する意識を変えることが重要であるために，その際には，環境・社会政策としてよりも金融政策がうまくこうした動きを強く推奨するようなものになれば，すべてのステークホルダーにとってより望ましいサステナブル経営が促進されることが期待される。

今後，こうした動きがどれだけ進むかはまだ不確実である。しかし，表面的な「環境・社会価値を包含する経済価値」を促進するサステナブル経営で

---

6)　詳細は下記にある金融庁のURL参照。https://www.fsa.go.jp/singi/impact/siryou/20240329/04.pdf

176

はなく、「経済価値を包含する環境・社会価値」を促進する実質的なサステ
ナブル経営がきちんと評価されなければ、そもそも環境・社会問題はいつま
でたっても解決しない。そのことを肝に銘じると、自ずとどうすべきかは決
まってくるはずである。

参考文献

西谷公孝（2022a）「SDGsに貢献するサステナビリティ経営と企業価値」『野村サステナビリ
　　ティクォータリー』3（1），pp.5-6。

西谷公孝（2022b）「サステナビリティ経営に求められる今後の形を考える」『ひょうご経済』
　　154，pp.2-5。

西谷公孝・國部克彦（2019）「創発型責任経営でSDGsに挑戦する」國部克彦・西谷公孝・北
　　田皓嗣・安藤光展『創発型責任経営：新しいつながりの経営モデル』日本経済新聞出版社，
　　pp.227-245。

西谷公孝・M. B. ハイダー・國部克彦（2014）「環境情報開示と信頼性：第三者保証・意見添
　　付と株主価値の関係分析」『国民経済雑誌』210（1），pp.69-85。

松下幸之助（1978）『実践経営哲学』PHP研究所。

三菱総合研究所（2022）「世界と日本のESG投資動向：GX推進を契機にESG投資の拡大へ」，
　　https://www.mri.co.jp/knowledge/column/20221125.html。

Arora, N., R. Saggar, and B. Singh（2021）Nexus Between Risk Disclosure and Corporate
　　Reputation: A Longitudinal Approach, *Journal of Strategy and Management,* 14（4），
　　pp.529-544.

Bravo, F.（2016）Forward-looking Disclosure and Corporate Reputation as Mechanisms to
　　Reduce Stock Return Volatility, *Revista de Contabilidad,* 19（1），pp.122-131.

Castilla-Polo, F., and M.I. Sánchez-Hernández（2021）Testing Social and Environmental Dis-
　　closure-reputation Relationship: A Longitudinal Two-way Analysis, *Sustainability Ac-
　　counting, Management and Policy Journal,* 12（3），pp.543-570.

Cho, C.H., M. Freedman, and D.M. Patten（2012）Corporate Disclosure of Environmental
　　Capital Expenditures: A Test of Alternative Theories, *Accounting, Auditing & Account-
　　ability Journal,* 25（3），pp.486-507.

Cho, C.H., R.W. Roberts, and D.M. Patten（2010）The Language of US Corporate Environ-
　　mental Disclosure, *Accounting, Organizations and Society,* 35（4），pp.431-443.

Clarkson, P., Y. Li, G. Richardson, and A. Tsang（2019）Causes and Consequences of Volun-
　　tary Assurance of CSR Reports: International Evidence Involving Dow Jones Sustain-
　　ability Index Inclusion and Firm Valuation, *Accounting, Auditing & Accountability Jour-
　　nal,* 32（8），pp.2451-2474.

第Ⅲ部
企業価値の測定と評価

Clarkson, P.M., Y. Li, G.D. Richardson, and F.P. Vasvari (2008) Revisiting the Relation Between Environmental Performance and Environmental Disclosure: An Empirical Analysis, *Accounting, Organizations and Society,* 33(4-5), pp.303-327.

Helfaya, A., A. Aboud, and E. Amin (2023) An Examination of Corporate Environmental Goals Disclosure, Sustainability Performance and Firm Value: An Egyptian Evidence, *Journal of International Accounting, Auditing and Taxation,* 52, 100561.

Hummel, K., and C. Schlick (2016) The Relationship Between Sustainability Performance and Sustainability Disclosure: Reconciling Voluntary Disclosure Theory and Legitimacy Theory, *Journal of Accounting and Public Policy,* 35(5), pp.455-476.

Liu, X., and C. Zhang (2017) Corporate Governance, Social Responsibility Information Disclosure, and Enterprise Value in China, *Journal of Cleaner Production,* 142, pp.1075-1084.

Nishitani, K., M.B. Haider, and K. Kokubu (2020) Are Third-party Assurances Preferable to Third-party Comments for Promoting Financial Accountability in Environmental Reporting?, *Journal of Cleaner Production,* 248, 119199.

Nishitani, K., J. Unerman, and K. Kokubu (2021) Motivations for Voluntary Corporate Adoption of Integrated Reporting: A Novel Context for Comparing Voluntary Disclosure and Legitimacy Theory, *Journal of Cleaner Production,* 322, 129027.

Nishitani, K., T.B.H. Nguyen, and K. Kokubu (2024) Does the Economic Motivation of Firms to Address the United Nations' Sustainable Development Goals (SDGs) Promote the SDGs or Merely SDG-washing? Critical Empirical Evidence from Japan and Vietnam, *Review of Managerial Science,* in press.

Nwaigwe, N.G., G.N. Ofoegbu, N.O. Dibia, and C.V. Nwaogwugwu (2022) Sustainability Disclosure: Impact of Its Extent and Quality on Value of Listed Firms in Nigeria, *Cogent Business & Management,* 9(1), 2079393.

Park, J.D., K. Nishitani, K. Kokubu, M. Freedman, and Y. Weng (2023) Revisiting Sustainability Disclosure Theories: Evidence from Corporate Climate Change Disclosure in the United States and Japan, *Journal of Cleaner Production,* 382, 135203.

Pham, H.S.T., and H.T. Tran (2020) CSR Disclosure and Firm Performance: The Mediating Role of Corporate Reputation and Moderating Role of CEO Integrity, *Journal of Business Research,* 120, pp.127-136.

コラム6 コーポレートガバナンス改革とサステナビリティと マネジメントコントロール

　わが国におけるコーポレートガバナンス改革の中で，1つの大きな転機は，伊藤レポートとして知られる「持続的成長への競争力とインセンティブ～企業と投資家の望ましい関係構築～」プロジェクト最終報告書であった。伊藤レポートは，ROE8％という比率が一人歩きしてしまったところがあるが，持続的な企業価値創造は企業と投資家の協創の成果として理解すべきであり，そのために，中長期的視点から企業価値を高め持続的成長を促進する目的をもった対話（エンゲージメント）を図っていくことを提言したものである。持続的な企業価値創造のために対話すべき相手が投資家だけなのかという根本的問題を抱えてはいたが，伊藤レポートは，内輪の論理やしがらみに拘泥しがちである日本企業の経営を大きく揺さぶることになった。

　伊藤レポートの規範的主張を実際の経営に反映するため，2017年には，企業と投資家との間の対話や情報開示の質を高めるための基本的な枠組みとして，「価値協創のための統合的開示・対話ガイダンス―ESG・非財務情報と無形資産投資―（価値協創ガイダンス）」が公表された。価値協創ガイダンスは，企業の情報開示や投資家との対話の質を高めるための「共通言語」として機能することが期待されていた。

　2022年に価値協創ガイダンスの改訂版「価値協創のための統合的開示・対話ガイダンス2.0（価値協創ガイダンス2.0）」が公表された。価値協創ガイダンス2.0は，同じタイミングで公表された「伊藤レポート3.0（SX版伊藤レポート）サステナブルな企業価値創造のための長期経営・長期投資に資する対話研究会（SX研究会）報告書」の示すサステナブル・トランスフォーメーション（SX）を実現するフレームワークと位置づけられるものである。価値協創ガイダンス2.0の副題は「サステナビリティ・トランスフォーメーション（SX）実現のための価値創造ストーリーの協創」である。

　伊藤レポート3.0（SX版伊藤レポート）において，SXとは，社会のサステナビリティと企業のサステナビリティを「同期化」させていくこと，そのために必要な

第Ⅲ部
企業価値の測定と評価

経営・事業変革を意味している。企業が社会のサステナビリティに資する価値を生み出すことで，気候変動や人権への対応など社会のサステナビリティ向上に貢献するとともに，企業自身の成長原資を獲得し続ける力を高め，それをさらなる価値創出へとつなげる形で，企業と社会のサステナビリティを同期化させるべきだと伊藤レポート3.0は主張している。

　伊藤レポート3.0において，経営・事業変革は，企業と社会のサステナビリティを同期化させる手段である。企業と投資家が建設的な対話を通じて「SX実現に向けた強靱な価値創造ストーリーを協創」することが，SXを実現する土台となる。SX実現フレームワークとしての価値協創ガイダンス2.0は，現状（As is）から将来のあるべき姿（To be）への道筋を，価値観・長期戦略・実行戦略・成果と重要な成果指標・ガバナンスとの関係において次の図表1のように捉えている。

　図表1において横軸は左側から右側へと，現状（As is）から将来のあるべき姿（To

図表1　As is-To beフレームワークで捉えた価値協創ガイダンス2.0

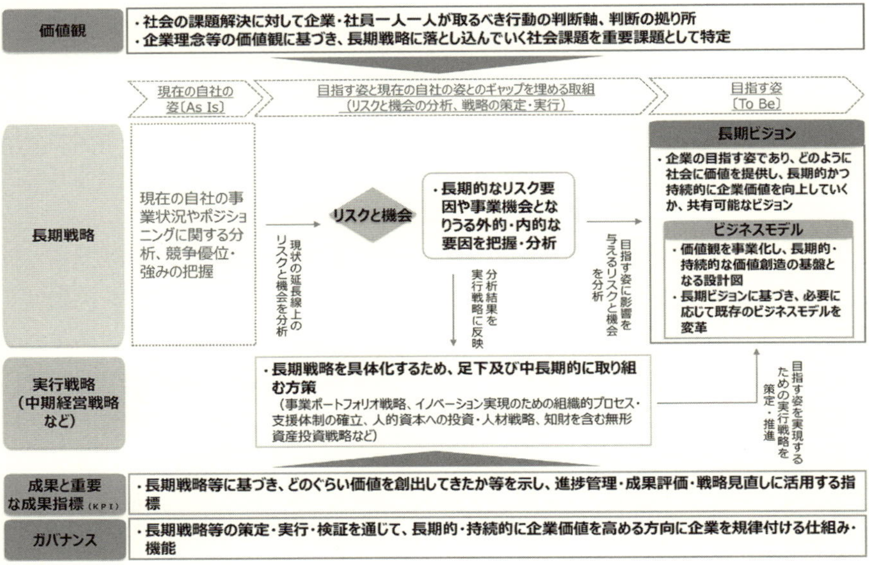

出所：伊藤レポート3.0

180

be）への時間の流れを示している。長期戦略は，長期ビジョンや長期的なリスク要因や事業機会を扱い，実行戦略は長期戦略を具体化する方策であり，事業ポートフォリオ戦略やイノベーション実現のための組織的プロセス・支援体制の確立などが含まれる。

As is-To be に示されている価値協創ガイダンス2.0は，長期戦略と実行戦略という経営戦略を中心に置き，経営戦略の上側に「価値観」が，下側に「成果と重要な成果指標」と「ガバナンス」が配置されている。「価値観」は長期戦略・実行戦略のすべてにおいて，何を優先すべきか判断の拠り所である。「成果と重要な成果指標」は，経営戦略の進捗管理・成果評価・戦略見直しに用いられ，「ガバナンス」は持続的企業価値向上に向けた規律づけの仕組みである。

伊藤レポート3.0で描かれた図表1は，実はマネジメントコントロールシステムをパッケージとして描いた次の図表2と基本的な構造を同じくしている。ここでMalmi and Brown（2008, 290）によれば，マネジメントコントロールシステムとは，経営者が中間管理者や従業員が組織目的や経営戦略と合致した意思決定や行動をするべく用いている手段や仕組みのことである。具体的には，価値観の共有を基本とした文化コントロール，長期計画や行動計画などのプランニング，予算管理を典型とする目標数値を用いたサイバネティック・コントロール，報酬制度や評価制度といった人事コントロール，ガバナンス構造や組織構造といったアドミニストラティブ・コントロールなどが挙げられる。

図表2では，下部にガバナンス構造のようなアドミニストラティブ・コントロールが，上部に文化コントロールが位置づけられている。図表1において下部にはガバナンスが上部に価値観が配置されていることときれいに対応している。図表2の中心には計画とサイバネティック・コントロールと人事コントロールが置かれている。それにほぼ対応するように図表1でも，計画とその実現を図るための成果指標や各種方策が，ガバナンスと価値観の間に配置されている。

伊藤レポート3.0がマネジメントコントロールパッケージ論を参照したような記述はない。しかし，価値競争ガイダンス2.0が伊藤レポート3.0の規範的主張を経営に反映するための道標として機能することを目指しているならば，必然的にそうなるべくしてなったといえる。というのも，マネジメントコントロールシステム論は，経営として目指すべきあるべき姿を，組織行動を通じて実際に実現していくための

第Ⅲ部
企業価値の測定と評価

図表2　マネジメントコントロールパッケージ

文化コントロール						
クラン		バリュー			シンボル	
計画		サイバネティック・コントロール				報酬
長期計画	行動計画	予算	財務測定システム	非財務測定システム	ハイブリッド測定システム	
管理コントロール						
ガバナンス構造		組織構造		方針と手順		

出所：Malmi and Brown (2008), p.291より筆者訳

仕組みや仕掛け，方策を論じたものだからである。組織のビジョンという，いわば絵に描いた餅を，価値創造の実現という食べることができる餅にするために用いられるのがマネジメントコントロールシステムであり，それなくしては，社会のサステナビリティと企業のサステナビリティの「同期化」という理想を組織として実現することはとうていかなわない。現場の高い能力とうらはらに，組織的な仕組み仕掛けを活用することが苦手な企業も少なくないわが国ではあるが，サステナビリティへの対応という大きな時代の流れを味方につけていくためには，マネジメントコントロールシステムの設計や運用を通じた実行力の向上が求められる。

参考文献

経済産業省（2022）「伊藤レポート3.0（SX版伊藤レポート）」（サステナブルな企業価値創造のための長期経営・長期投資に資する対話研究会（SX研究会）報告書），8月30日。

Malmi, T. and D. Brown (2008) Management Control Systems as a Package: Opportunities, Challenges and Research Directions, *Management Accounting Research*, 19, pp.287-300.

エピローグ
サステナブル経営の可能性と課題
―これからの企業経営と経営学へ向けて―

　　　このエピローグでは，本書におけるこれまでの議論を各章ごとに
要約し，サステナブル経営に関して現時点で何がどこまで実現しえ
ているか，そして今後へ向けて何が必要となるかについて検討する。
マーケティング・市場対応，組織・人的資源管理，会計・企業価値
の測定評価という，企業経営の3側面に着眼した場合，日本の大企
業ではとりわけ組織・人的資源管理の側面での対応が，他側面，す
なわち市場・マーケティングや会計・企業評価の側面に比して後れ
がちであり，理念が先行していて実態が追い付いていないことが示
唆される。最後に，サステナブル経営の実現へ向けて，これからの
経営実践や経営学が解決していくべき課題と方向性が展望される。

1. ▶ わかったこと

(1) SDGsとサステナブル経営

　2030年までに達成すべき持続可能な開発のための国際的な開発目標として SDGsが国連により定められ，企業経営にもその理念を取り込むことが求められている。SDGsはいくつもの目標や指針から構成され，一見種々雑多なようにみえるが，その基底にある精神は，他の人々に対し思いやり優しさをもって接し，われわれが住んでいる地球環境をも大切にしていこうとするものである（上林・小松 2022, 14-16）。

　本書では，このSDGsの重要な理念を目指した経営を，時限付きで2030年までと設定するのではなく，さらにそれ以降も追求し，普及させていく必要があると捉え，持続可能な経営という意味において「サステナブル経営」という概念を措定し，その達成へ向けた諸課題を，経営学の学問体系に依拠しながら，それぞれの章において論じてきた。

　ここにサステナブル経営とは，プロローグ「サステナブル経営とは何か」（西尾）で示唆されているように，物質的な豊かさを基礎とする経済的価値（経済性）と，人間相互の関係性のうえに成り立つ精神的な豊かさを基礎とする社会的価値（社会性）の双方の，より高次元における使用を希求する未来志向の企業経営を指している。経済的価値が，金銭に還元される定量的な価値であるのに対し，社会的価値は人間個人の心理や精神性，他者との人間関係や広く集団全体に共通する価値を含意し，必ずしも定量化しえない質的な価値をも含む，より広範な概念である。

　従前の私企業の経営においては，所有者利益の最大化を希求する視点から経済的価値の追求が最優先されがちであったが，昨今では，働く人々一人ひとりの心理的充足を内包し，自社のみならず他社やより広く社会全体にも貢献しつつ成長する企業経営のあり方が要請されており，未来へ向けていかに

エピローグ
サステナブル経営の可能性と課題

持続可能な経営を志向していくかが，企業組織を研究対象とする経営学においても喫緊の課題となっている。

(2) 企業のマーケティング活動・市場対応

本書の第Ⅰ部では，企業が行うマーケティング活動や取引の場となる市場との関係においてどのようにサステナブル経営が志向されているかが検討されている。こうした論点は，広義の経営学の体系においては伝統的に商学と称されてきた領域で展開されている。

まず**第1章**「企業のマーケティング活動と価値」（村松）では，これまで経済的価値を求め市場システムでの取引，すなわち交換価値の獲得を唯一最大の目的としてきた企業が，新たに社会的価値を基礎とした生活社会システムのもとで利用価値の獲得を志向することを通じ，その行動を修正しつつあることが論じられている。グルンルース（Grönroos, C.）のいうSロジックによれば，企業のマーケティング活動の存在意義は，単なる市場を超えた生活社会を基盤とした顧客の価値創造を支援することにこそあると理解され，企業によるこうした新しいマーケティング活動を正しく認識することによって初めて「サステナブル経営」がこれからの企業経営のあるべき姿として定位できると主張されている。

第2章「サステナブル経営における価値創造」（戸谷）においては，より具体的に企業の新たな価値創造への取り組みが検討されている。従前の大量生産・消費・廃棄を見直す新たな動向としてサーキュラーエコノミーや製造業のサービス化が取り上げられ，企業はそのミッションやビジネスモデルの修正を迫られていることが示されている。企業のKPIとしても，経済的価値のみならず感情や知識といった評価指標をもつ必要性が説かれ，実際これらの価値の多くが，時間はかかるものの最終的には企業収益に貢献しうることが，事例を通じて明らかにされている。

185

(3)┃組織と人的資源のマネジメント

　続く第Ⅱ部では，企業の組織としての側面と働く従業員のマネジメントに関連していかにサステナブル経営が志向されているかが検討されている。広義の経営学の体系上は，経営学（狭義）領域における議論となっている。

　第3章「企業の社会的責任からサステナブル経営へ」（森田・上林）では，従前の経営学の発展過程において常に中心的な論点の1つであり続けてきた，企業と社会の関係の変遷が歴史的に検討されている。まず，資本主義体制における企業の基本的原理から「企業の社会的責任」（CSR）が議論されるに至った契機と経緯について概観され，企業にとって対峙すべき社会の対象が徐々に拡大していった経緯が概観されている。さらに，CSRから今日のサステナブル経営へ向けた動きについて現況が検討され，企業経営者の経済性と社会性の関係の捉え方が，CSR論でみられたような相互にトレードオフとみる視点から，両立可能と捉える視点へと，昨今では変化しつつあることが明らかにされている。

　第4章「サステナブル人的資源管理の課題と展望」（二神）では，とりわけ人のマネジメントの側面における，日本企業のサステナブル経営の課題が提示されている。ジェンダー平等，ディーセント・ワーク，ダイバーシティ＆インクルージョンという3つの視点に注目し，従前の日本企業では経済性を追い求めるあまり，これらの3点に係る施策が欧州などの諸外国に比しても後れをとっており，それゆえ社会性の向上の観点がなおざりにされてきたことが，データとともに示されている。結果として，男性と女性，健常者と障がい者，日本人と外国人，正社員と非正規社員，若年者と高年齢者といった属性や集団間におけるさまざまな格差が産み出されており，これらの間の格差を埋める施策を志向していくことが，サステナブル経営の実現にとって鍵となると主張されている。

エピローグ
サステナブル経営の可能性と課題

⑷ 企業価値の測定と評価

　第Ⅲ部では，企業活動の結果として産み出される価値の測定と評価の側面から，サステナブル経営の実現可能性に係る検証が行われている。これらの論点は経営学の体系では主に会計学の領域に該当する議論である。

　第5章「サステナブル経営を実現する会計」（阪）では，経済性を中心にした企業活動によりさまざまな環境・社会問題が顕在化する中，外部性（社会性）を取り込んだサステナビリティ開示の基準づくりと法定開示がグローバルなレベルで急速に進展しつつあることが，IFRSサステナビリティ開示基準の設定の経緯や日本の有価証券報告書でのサステナビリティ開示の例を挙げながら説明されている。ステークホルダー資本主義の考え方が進展するもと，企業は積極的な情報開示を行い，投資家や消費者がそれらの情報を正しく読み取る能力を身につけつつ，一人ひとりが意思決定と行動を通して社会を変革していく役割を担っていくことが重要であると説かれている。

　第6章「サステナブル経営を実現する企業価値評価」（西谷）では，株主のみではなくあらゆるステークホルダーを重視する考え方への移行を踏まえ，環境・社会問題を解決することが結果として経済価値にもつながるように，サステナブル経営を希求する必要性が説かれている。そして，それへ向けた実務界の動きとして，株主・投資家によるインパクト投資，すなわち，現況のESG投資を超えて，投資がもたらす環境・社会への影響をよりいっそう重視し，社会面・環境面での課題解決を志向した投資が目下注目されており，そうした動きを官民挙げてさらに進めていくことがサステナブル経営の実現にとって肝要であると主張されている。

2. ▶ サステナブル経営の実現へ向けた課題

　以上の分析により，市場・マーケティング領域，組織・人的資源管理領域，会計・企業価値評価それぞれの側面における，サステナブル経営へ向けた日

本企業の取り組みの実態と課題が明らかになった。いずれの領域においても，サステナブル経営の重要性が理解され，その実現へ向けた具体的な動きが企業や行政により実際に始められており，着実にその効果が表れつつあることがうかがえる。

ただし，その実現へ向けた取り組みには，領域によってその進捗度に齟齬があり，その姿勢にもやや温度差がみられ，それなりに進んでいると評価できる領域もあれば，逆に目にみえた進捗が少ない領域もある。

例えば，市場・マーケティングの領域では，株主資本主義のもとで追求されてきた短期収益の指標から，社会の人々の精神的充足をも考慮に入れた新たな指標の策定が進められており，実際，株主以外のステークホルダーをも巻き込んだ価値共創が進みつつあることが第1章・第2章における議論からはうかがえる。

また，会計・企業評価の側面においてはさらに顕著な動きをグローバルなレベルで確認でき，サステナビリティ開示のための基準づくりがさまざまな機関により進められていて，わが国においても2023年からは有価証券報告書にサステナビリティ情報の記載欄が新設され，コンテンツの開示も進みつつある。企業活動が環境や社会に対して与える影響を具体的に測定し，それらを実際に投資家が基準として参照する動きも普及しつつある。

企業のこうした市場活動や会計・企業価値評価の領域が，サステナブル経営へ向けた具体的な成果がみられるに比して，組織・人的資源管理の領域においては，サステナブル経営へ向けた必要性は経営者にも認識されつつあり，大企業を中心にDE&I（Diversity, Equity & Inclusion）の促進へ向けた制度も整備されつつあるものの，現実にはまだ十分な効果を上げているとは必ずしも評価できず，欧州などの諸外国と比しても後れをとっていることが本書第Ⅱ部の所論によって確認されている。

例えば，2023年度から義務化された，有価証券報告書における人的資本開示も，現状では各社ほぼ横並びで，女性活躍推進法等の法制で要請されている女性役員比率等のダイバーシティ関連指標を公表しているに過ぎない企業

エピローグ
サステナブル経営の可能性と課題

が多い（庭本 2024）。こうした，サステナブル経営実現へ向けた組織・人的資源管理領域の相対的な後れは，人事制度が生身の人間である従業員の生活に直結することから急には変更しにくく，漸進的に修正する形で制度設計を志向していかざるをえない側面があることが，具体的成果の顕れが遅延する原因の１つに挙げられるだろう。

　別の視角からみれば，現下のところでは，経営者のサステナブル経営へ向けた取り組みの多くは，株主・投資家の意向が各種のサステナビリティ指標の重視を要請しているがゆえに，その要請に沿う形で組織・人的資源管理の側面における改革を進めているに過ぎないという見方もできる。環境や社会，ガバナンスといった各側面における改善は進められてはいるものの，とりわけ働く人々の働きがいやウェル・ビーイング，エンゲージメントといった側面の充実は，その必要性は認識されてはいても，わが国においては各社とも未だ手探りの状況で，具体的に目にみえる形での客観的実績が表れたり，社会的に実感できたりする形になっているとはいえない。

　ただし，このように企業経営の各側面に応じたばらつきはあるとはいえ，実際に，サステナブル経営へ向けた具体的な動きが——それらがたとえ投資家・株主の動向に左右される形であったとしても——現実に動き始めているという事実は，経営学や企業経営の歴史において相当に大きい変化であり，時代のターニングポイントと評価してよい。

　第３章で概観したように，1970年代にCSRに係る議論が提起され始め，自社の経済的側面のみならず広く社会の視点をも加味した経営のあり方が希求されてきたが，こうした社会性を喚起する概念が提起された当初には，企業経営者は短期利益を求めがちな株主・投資家の意向に従わざるをえず，社会性の実現は後手に回さざるをえない側面があった。社会的責任を果たす必要性は企業経営者に理解されていたものの，それは必ずしも利益に直結する活動ではなくむしろ利益を阻害する活動という認識も強く，経済的余裕のない企業はそうした活動には消極的にならざるをえなかった。企業経営者のそうした認識が，まさに昨今のサステナブル経営の実現へ向けた気運の中で是

189

正され，社会的価値の実現がむしろビジネスの射程内へと引き込まれつつあるといってよい。

　さらに今後，株主・投資家に引っ張られる形でサステナブル経営を志向する状況から一歩踏み出し，その重要性を真に経営者の価値意識として内在化させていくことが可能となるのだろうか。これには困難が伴い，たとえそうした価値の内在化が可能であったとしても，その実現にはまだそれ相応の時間がかかることが推測される。しかし，SDGsの理念である「誰一人取り残さない」より良き社会を実現するためには，産官学が相互に連携しながら，今後も引き続き努力を重ねていく必要があることはいうまでもない。

3. ▶ これからの企業経営と経営学へ向けての課題

(1) 規範の探求

　サステナブル経営のさらなる促進へ向けて，経済的価値に加え社会的価値の実現も今後の企業経営にとって重要な課題となるとすれば，個人の心理や精神面，人々の間に共有された価値観や理念といった側面についても，今後さらに検討を重ねていく必要がある。換言するなら，何が社会にとって良いことであり，何が良くないこと（避けなければならないこと）なのかについて，より踏み込んで探求されなければならない。

　こうした規範的な側面は，昨今における経営学の体系の中では議論されることは少なく，科学的思考様式の発展の中で，むしろ意図的に議論が回避されてきた経緯がある。

　しかし，昨今では，グローバル資本主義の弊害が社会のそこここに顕在化する中，古来の理念や道徳に照射した日本の経営を再評価しようとする動きもみられる（田中 2024）。

　こうした点に関連し，昨今の実務界では，経営理念を自社の存在意義という観点から考え直す契機にする「パーパス経営」へ向けた取り組み（野林

エピローグ
サステナブル経営の可能性と課題

2024, 183-186）や，人事評価の仕組みとして，経営理念と合致した従業員行動を評価項目とするいわゆる「バリュー評価」を取り入れようとする動き（上林ほか 2025, 第6章）がみられることは注目に値する。これらの動向は，社会的価値に照らした経営理念を重視し，そうした理念を実際に企業の具体的活動と結びつけようとする経営姿勢が顕在化した動向として評価できるためである。

また，第3章のコラムでも紹介されたように，社会的に「良いこと」であるソーシャルグッドの実現を目指し，通常のマーケティング（コマーシャル・マーケティング）とは区別されるソーシャルマーケティングへ向けた動きも昨今の実務界でますます加速しつつある（瓜生原 2021, 3-4）。学術としての経営学も，こうした実務界の動向を注視していく必要がある。

(2) 経営学の体系性に関する再検討

加えて，プロローグにおいて言及されているように，経営学の体系はこれまで経営学（狭義），会計学，商学というそれぞれの領域ごとに，そのそれぞれの領域においてもさらに細部に分割されたうえで各学会が形成され，個別に発展してきたが，サステナブル経営を経営学の重要な研究対象と位置づけるならば，今後は領域ごとの知見の統合や学際的な発展がますます要請されることになるであろう。

例えば，狭義の経営学の一領域としてこれまで展開されてきた人的資源管理論の領域においては，本書第Ⅲ部でみたような人的資本開示の必要性や，それぞれの施策を企業戦略——社会性をも加味した企業戦略——へ反映させていく必要に迫られており，既存の狭い範囲での「人のマネジメント」の議論を超えて，会計学や企業戦略論とより密接に絡んだ視点が必要となるはずである。

商学の領域で発展してきたマーケティング論においても，何が良いことであり，社会へ向けて拡げていくことが必要な価値であるかをさらに希求するために，今後は経営理念論や経営学を超えて哲学や倫理学など人文学の知見

191

とも大いに交わることが必要となることが推測される。今日に至るまで，哲学からは分離し，科学（サイエンス）として発展してきた経営学ではあるが，今後は哲学と乖離させたままではなくむしろ双方を融合させ，さらに高次元で発展していくことが求められるようになっていると表現できるかもしれない。

　こうした意味において，学問論としては，サステナブル経営の実現という時代に即した課題の解決を志向し，既存の経営学・会計学・商学という「経営学」（広義）の内部の再構成が必要となるのであり，さらに既存の経営学の枠組みを超え，他の諸学問の知見をも取り込んだ再構築が今後ますます要請されることになるであろう。

［参考文献］
瓜生原葉子（2021）『行動科学でよりよい社会をつくる：ソーシャルマーケティングによる社会課題の解決』文眞堂。
上林憲雄・小松章編著（2022）『SDGsの経営学：経営問題の解決へ向けて』千倉書房。
上林憲雄・厨子直之・森田雅也（2025）『経験から学ぶ人的資源管理（第3版）』有斐閣（近刊）。
田中一弘（2024）『先義後利の経営：渋沢栄一が求めた経済士道』有斐閣。
庭本佳子（2024）「組織のレジリエンスを高める人的資本経営：ダイバーシティ推進の観点から」神戸大学人的資本経営研究教育センター開設記念シンポジウム稿，2024年3月2日。
野林晴彦（2024）『日本における経営理念の歴史的変遷：経営理念からパーパスまで』中央経済社。

付　録

付録 1

日本学術会議経営学委員会
「SDGs と経営実践・経営学・経営学教育を検討する分科会」メンバー

委員長	西尾 チヅル	筑波大学副学長　ビジネスサイエンス系・教授
副委員長	上林 憲雄	神戸大学大学院経営学研究科・教授
幹事	二神 枝保	横浜国立大学大学院国際社会科学研究院・教授
	朝日 弓未	東京理科大学経営学部・教授
	瓜生原 葉子	同志社大学商学部・教授
	大石 桂一	九州大学大学院経済学研究院・教授
	奥林 康司	神戸大学・名誉教授，大阪国際大学・名誉教授，神戸市外国語大学・教育研究学外評議員
	香坂 玲	東京大学大学院農学生命科学研究科・教授
	阪 智香	関西学院大学商学部・教授
	澤邉 紀生	京都大学大学院経営管理大学院・教授
	清水 聰	慶應義塾大学商学部・教授
	戸谷 圭子	明治大学専門職大学院グローバルビジネス研究科・教授
	西谷 公孝	神戸大学経済経営研究所・教授
	西村 訓弘	三重大学大学院地域イノベーション学研究科・教授
	村松 潤一	岐阜聖徳学園大学経済情報学部・教授，広島大学名誉教授
	森田 雅也	関西大学社会学部・教授

注：役職は2023年9月時点

付録2
日本学術会議経営学委員会
「SDGsと経営実践・経営学・経営学教育を検討する分科会」の活動の記録

【令和3年】

3月28日　SDGsと経営に関する話題提供と討論1
- 「SDGsの視点からの雇用・人材開発：D&I，ディーセント・ワーク，ジェンダー平等」二神 枝保（横浜国立大学）
- 「日本企業のSDGsへの取り組みの現状：サステナビリティ経営から考察する」西谷 公孝（神戸大学）

4月29日　SDGsと経営に関する話題提供と討論2
- 「SDGsと地域企業の経営改革：三重県での事例紹介と地域イノベーションという考え方」西村 訓弘（三重大学）
- 「SDGsの観点から企業行動の実態を明らかにする：探索的財務データ解析」阪 智香（関西学院大学）

6月6日　SDGsと経営に関する話題提供と討論3
- 「情報感度の高い人の研究：マーケティングは差別を作り出していないだろうか」清水 聰（慶應義塾大学）
- 「SDGsとマーケティング研究：S-Dロジック，Sロジックのサービス概念を踏まえて」村松 潤一（岡山理科大学）

7月4日　SDGsと経営に関する話題提供と討論4
- 「製造業のサービス化とSDGs」戸谷 圭子（明治大学）

8月22日　SDGsと経営に関する話題提供と討論5
- 「移りゆく日本的経営とこれからの経営学：持続可能な社会の実現へ向けて」上林 憲雄（神戸大学）

11月29日　SDGsと経営に関する話題提供と討論6
- 「ESG投資に係る論点」野崎 浩成（東洋大学）

【令和4年】

1月22日　SDGsと経営に関する話題提供と討論7

・「国益とは何か?」原 丈人(DEFTA PARTNERSグループ会長,アライアンス・フォーラム財団代表理事)

2月12日　WGでの検討を踏まえたSDGsと経営に関する総合討議

4月13日　SDGsと経営に関する話題提供と討論8

・「カーボンニュートラルに向けた経済社会の転換」諸富 徹(京都大学大学院地球環境学堂/経済学研究科教授)

7月18日　報告内容に関する総合討議,取りまとめの方向性について

9月19日　意思の表出の内容と進め方について,報告骨子案の審議

10月23日　意思の表出の申請書に関する審議,報告案の作成

12月23日　意思の表出に対する科学的助言等対応委員会による審議結果への対応,報告案の内容の審議

【令和5年】

3月31日　意思の表出方法についての討議と公開シンポジウムの開催計画

9月24日　公開シンポジウム「サステナブル経営の実現をめざして」を開催

注:役職は当時のもの

付録3
公開シンポジウム「サステナブル経営の実現をめざして」

1. 主催：日本学術会議経営学委員会「SDGsと経営実践・経営学・経営学教育を検討する分科会」
2. 共催：経営関連学会協議会
3. 日時：令和5年（2023年）9月24日（日）13：30～16：30
4. 場所：筑波大学東京キャンパス1階134教室（東京都文京区大塚3-29-1）
　　　　対面とオンライン配信によるハイブリッド開催

13:30	開会の挨拶
	高村 ゆかり（日本学術会議副会長，東京大学未来ビジョン研究センター教授）
	共催の挨拶
	上林 憲雄（経営関連学会協議会理事長，日本学術会議連携会員，神戸大学大学院経営学研究科教授）
セッション「サステナブル経営の現状と課題」	
◇総合司会 西尾 チヅル（日本学術会議会員／経営学委員会委員長，筑波大学副学長／ビジネスサイエンス系教授）	
13:40	趣旨説明 西尾 チヅル（日本学術会議会員／経営学委員会委員長，筑波大学副学長／ビジネスサイエンス系教授）
13:50	報告1「マーケティング・市場対応における経済性と社会性」 村松 潤一（日本学術会議連携会員，岐阜聖徳学園大学経済情報学部教授，広島大学名誉教授）
14:05	報告2「サステナブル経営に向けた人的資源管理」 森田 雅也（日本学術会議連携会員，関西大学社会学部教授）
14:20	報告3「会計・企業価値評価における経済性と社会性」 阪 智香（日本学術会議連携会員，関西学院大学商学部教授）
14:35	まとめ

休憩（10分）（14：40～14：50）	
パネルディスカッション「サステナブル経営の実現に向けて」	
◇ファシリテーター 　上林　憲雄（経営関連学会協議会理事長，日本学術会議連携会員，神戸大学大学院経営学研究科教授）	
14：50	趣旨説明
14：55	【パネリスト】 夫馬　賢治（株式会社ニューラルCEO，信州大学グリーン社会協創機構 　　　　　　特任教授） 竹ケ原　啓介（株式会社日本政策投資銀行設備投資研究所長） 岩田　喜美枝（住友商事株式会社社外取締役，味の素株式会社社外取締 　　　　　　役，株式会社りそなホールディングス社外取締役） 村松　潤一（日本学術会議連携会員，岐阜聖徳学園大学経済情報学部教 　　　　　　授，広島大学名誉教授） 二神　枝保（日本学術会議連携会員，横浜国立大学大学院国際社会科学 　　　　　　研究院教授） 西谷　公孝（日本学術会議連携会員，神戸大学経済経営研究所教授）
16：25	閉会の挨拶 奥林　康司（日本学術会議連携会員，神戸市外国語大学教育研究学外評 　　　　　　議員）

注：役職は2023年9月時点

索　引

A〜Z

As is-To be フレームワーク ……………… 180
CO2排出量 ……………………………………… 48
CSR …………………………………………… 79
CSR報告書 …………………………………… 163
DE&I ……………………………………… 114, 188
ESG ………………………………… 46, 79, 162
ESG投資 ………………………………… 174-176
G-Dロジック ………………………………… 23, 28
GHG ………… 47, 77, 140, 141, 150, 155, 156
Gロジック …………………………………… 26, 28
IASB ……………………………………… 137, 143
ICT ……………………………………………… 5
IFRS財団 ………………………………… 137, 143
ILO …………………………………………… 104
IoH …………………………………………… 5
ISO 14001 ………………………………… 135
ISO26000 ………………………………… 128
ISSB ……………………………… 137, 143, 164
ISSB基準 ……………………………………… 149
KPI ………………………………… 49, 61, 185
L字型カーブ ………………………………… 99
M字型カーブ ………………………………… 98
NGO …………………………………………… 37
NPO …………………………………………… 37
SASBスタンダード ………………………… 142
SDGs ……… 2, 46, 47, 61, 79, 80, 97, 109, 170,
　172, 176, 184, 190
SDGsウォッシュ …………………………… 172
S-Dロジック ………… 13, 15, 23, 26,27, ,51, 52
SEC基準 ……………………………………… 149
SSBJ基準 …………………………………… 149
SX …………………………………………… 179
SX版伊藤レポート ………………… 81, 83, 179
Sロジック ………… 13, 24, 26, 27, 185
TCFD ……………………………………… 136, 164

あ

アカウンタビリティ …………………… 74, 128

アクター ……………………………………… 52
新しい資本主義 …………………………… 144
アテンション・エコノミー ………………… 55
アドミニストラティブ・コントロール ……181

伊藤レポート ……………………………… 179
伊藤レポート3.0 …………………………… 179
インクルーシブ・リーダーシップ ………… 113
インクルージョン ………………… 112, 122
インクルージョン風土 …………………… 113
インパクト …………………………………… 175
インパクト投資 ………………… 175, 176, 187

ウェル・ビーイング ………………… 122, 189
ウォッシュ ………………………………… 172
ウォッシング ……………………… 172-174

エンゲージメント ………………………… 189

欧州委員会 ………………………………… 164
温室効果ガス（GHG）
　……………… 47, 77, 140, 141, 150, 155, 156

か

カーボンクレジット ……………………… 155
カーボンクレジット市場 …………………… 48
カーボンニュートラル ………… 40, 141, 151
会計学 ……………………………… 187, 191
会計情報 …………………………………… 152
会計ディスクロージャー ………………… 130
外国人労働者 ……………………………… 115
外部性 ……………………………… 133, 187
外部性の内部化 ………………… 134, 150
快楽的消費 ………………………………… 56
科学 ………………………………………… 192
科学的管理 ………………………………… 70
格差 ………………………………………… 186
可視化 ……………………………………… 174
価値観 ……………………………………… 190

199

価値観の変化	50
価値関連性	135
価値共創	25, 51, 188
価値協創ガイダンス2.0	180
価値共創プロセス	61
価値創造	52, 81
価値提案	25
価値の内在化	190
ガバナンス	139
株価対策としてのSDGs	49
株主	72
株主資本主義
	48, 49, 52, 61, 165, 170, 176, 188
カルパース	74
環境・社会価値	171, 176
環境・社会価値を包含する経済価値
	175, 176
環境・社会問題	160, 161, 166, 173, 175, 187
環境インパクト管理	76
環境経営	162
環境報告書	163
感情価値	56-58
機関投資家	50, 74
企業価値	160, 161, 174
企業価値向上	170
企業価値の測定と評価	6
企業統治	74
企業と社会	70
企業の社会的責任	70, 186
気候関連コミットメントの会計	155
気候関連財務情報開示タスクフォース
（TCFD）	136, 164
気候変動	3, 136
機能価値	56, 58
機能的消費	56
規範	190
規範論	78
共生	118
共創価値	54, 58, 61

グリーンウォッシュ	172
グリーンペーパー	75
グローバル資本主義	190
経営学	70, 184, 186, 191
経営学の体系	191
経営理念	191
経済学	131
経済学的相互作用	16
経済価値	166, 171, 173-175
経済価値を包含する環境・社会価値
	175-177
経済性	5, 84, 151, 184, 187
経済成長	5
経済的価値	4, 26, 29, 30, 38, 58, 62, 81, 96,
117, 184, 185
経済的合理性	32, 38
経済のサービス化	12
健康・安全管理	76
交換価値	27-29, 185
行動科学的労務管理	71
行動変容	90
公平性	114
合理性	20
コーポレートガバナンス改革	179
コーポレートガバナンス・コード	165
顧客の価値創造	25
国際会計基準	155
国際会計基準審議会（IASB）
	137, 138, 143, 155
国際サステナビリティ開示基準
	137, 139, 140
国際サステナビリティ基準審議会（ISSB）
	137, 143, 164
国際報告イニシアティブ	164
国際労働機関（ILO）	104
国富	27
国民総幸福量	55
国連グローバル・コンパクト	80, 135

コスト―ベネフィット関係 ……………… 169
コネクティビティ …………………………… 157

さ

サーキュラーエコノミー …………… 40, 185
サービシィーズ ………………… 15, 28, 29
サービス ……………………… 15, 21, 23
サービス・エコシステム
　………………… 5, 24, 53, 54, 56, 62, 64
サービス・ドミナント・ロジック（S-D ロ
　ジック）……… 13, 15, 23, 26,27, ,51, 52
サービス・マーケティング …………………… 17
サービス化 …………………………………… 59
サービス化戦略 ……………………………… 60
サービス価値共創 …………………………… 52
サービス基軸のマーケティング …………… 15
サービス経済 …………………………… 23, 50
サービスビジネス …………………………… 33
サービタイゼーション ……………………… 42
財務諸表 …………………………………… 155
サステナビリティ ……… 19, 32, 35, 47, 81, 151
サステナビリティ開示基準
　………………………… 142, 150, 164, 187
サステナビリティ基準委員会 …………… 143
サステナブル経営 … 4, 37, 47, 50, 78, 79, 82,
　93,　151, 160, 166, 170, 175, 184, 186, 189,
　192
サステナブル情報開示 ……………… 162, 168
サステナブル人事 …………………………… 86
サステナブル人的資源管理 …………… 86, 96
サステナブルファイナンス ………………… 174
サステナブル報告書 ……………………… 163
サプライチェーン排出量 ………………… 140
サプライヤー ………………………………… 77

シェアリング・エコノミー ………………… 52
シェアリングサービス ……………………… 41
シェルタード・ワーク …………………… 108
ジェンダー・ダイバーシティ …………… 111
ジェンダー平等 ………… 47, 87, 96, 97, 186

資源循環 ……………………………………… 40
自主開示理論 ……………………………… 167
市場 …………………………………………… 31
市場システム ……………………………… 185
市場中心主義 ………………………………… 38
市場取引 …………………………… 12, 15, 33
市場の失敗 ………………………………… 133
市場メカニズム ………………………… 20, 51
持続可能な開発目標レポート2024 ………… 4
指標および目標 …………………………… 139
資本主義 ………………… 72, 74, 78, 131
資本主義社会 ………………………………… 72
資本主義体制 ………………………………… 70
社会 ……………………………………… 70, 71
社会学的相互作用 ………………………… 16, 28
社会課題 ……………………………………… 5
社会起業家 ………………………………… 121
社会性 …………… 5, 34, 84, 151, 184, 186, 187
社会性の内部化 …………………………… 149
社会的価値 …… 4, 26, 29-31, 34, 37, 38, 41, 81,
　96, 117, 184, 185, 190
社会的責任 ………………… 75-77, 160, 166, 170
社会的調整メカニズム ……………………… 31
社会福祉 ……………………………………… 3
社会保障 …………………………………… 104
受託契約 ……………………………………… 36
循環型社会形成推進基本法 ……………… 41
障がい者雇用 ……………………………… 105
商学 …………………………………… 185, 191
証券取引委員会 …………………………… 143
消費者行動 ………………………………… 14
情報公開 ……………………………………… 76
情報提供機能 ……………………………… 130
食品ロス ……………………………………… 2
女性活躍推進法 ………………………… 102, 188
女性管理職比率 …………………………… 98
女性雇用 …………………………………… 98
所有と経営の分離 ……………………… 72, 128
シングルマテリアリティ ……………… 170, 176
人権 ………………………………… 47, 77, 104

新国富 ················· 147	
人材版伊藤レポート ··········· 83	
新自由主義 ················ 75	
人的資源管理 ············ 76, 82	
人的資本 ········· 82, 144, 145, 148	
人的資本開示 ············ 188, 191	
人的資本可視化指針 ··········· 83	
人的資本経営 ··············· 84	
人的資本に関する情報開示のガイドライン	
······················· 83	
人文学 ·················· 191	

スコープ1 ················ 140	
スコープ2 ················ 140	
スコープ3 ················ 140	
ステークホルダー ····· 5, 49, 74, 78, 150, 160,	
168, 175, 187	
ステークホルダー資本主義	
·········· 52, 144, 145, 152, 165, 170, 176, 187	
ステークホルダー理論 ········· 167	
スマートコンストラクション ······· 33	

生活社会システム ············ 185	
生活世界 ········· 17, 30-32, 34, 35	
精神障がい ················ 110	
精神的な充足 ··············· 62	
製造業のサービス化 ··········· 185	
生態系 ·················· 144	
生態系サービス ············· 144	
正統性理論 ················ 166	
生物多様性 ·············· 41, 144	
性別クォータ制度 ············ 101	
戦略 ··················· 139	

ソーシャルグッド ·········· 90, 191	
ソーシャル・ファーム ········ 108, 121	
ソーシャル・マーケティング ····· 14, 91, 191	
組織・人的資源管理 ············ 6	

た

第三者意見 ················ 172	
第三者評価機関 ············· 174	
第三者保証 ················ 171	
ダイナミックマテリアリティ ···· 171, 176	
ダイバーシティ ············· 110	
ダイバーシティ＆インクルージョン ····· 96,	
109, 186	
ダブルマテリアリティ ·········· 170	
多様性 ·················· 117	
多様性と包摂 ··············· 87	
短期収益至上主義 ············· 48	
男女平等法 ················ 100	

地域社会 ·················· 77	
チェリーピッキング ··········· 173	
地球環境 ··········· 3, 5, 50, 77	
地球環境問題 ·············· 130	
知識価値 ·············· 56, 58	
知的障がい ················ 110	
調整メカニズム ············ 31, 32	

ディーセント・ワーク ····· 87, 96, 104, 186	
ディスアビリティ・マネジメント ···· 109	
ディスクロージャー ········ 128, 134	
データ独占社会 ············· 152	
データマイニング ·············· 55	
デジタル化 ·················· 5	

等価交換 ············· 27, 28, 30	
同期化 ··················· 83	
投機目的 ·················· 73	
統合報告書 ·········· 47, 50, 163	
道徳 ··················· 190	
特別高度人材制度 ············ 116	

な

内部炭素価格 ·············· 140	
内部留保 ·················· 54	

日本的SDGs ……………………… 46	保証 ………………………… 171, 173
人間開発指標 …………………… 56	
人間関係論 ……………………… 71	**ま**
	マーケティング・市場対応 …………… 6
年功的労務管理 ………………… 86	マーケティング・マネジメント ……… 12
	マテリアリティ ……………… 170, 173
納品のない受託開発 …………… 36	マネジメントコントロールシステム …… 181
	マネジメントコントロールパッケージ … 182
は	
パーパス経営 …………………… 190	ミクロ・マーケティング ……………… 24
働きがい ………………………… 189	未等価交換 ……………………… 28
働き方改革関連法 ……………… 103	
働き方改革実現会議 …………… 85	無限の商品 ……………………… 132
パリ協定 ………………………… 136	
バリューチェーン …………… 40, 139	メンテナンスサービス ………………… 41
バリュー評価 …………………… 191	
非市場経済 ……………………… 51	モニタリング …………………… 139
ビジネス・パートナー ………… 77	モノ ……………………………… 29
ビジネスモデル ………………… 139	モノ・マーケティング ………………… 17
ビジネスモデル革新 …………… 5	物言う株主 ……………………… 74
非正規従業員 …………………… 99	
ビッグデータ …………………… 55	**や**
人への投資 ……………………… 148	より良い暮らし指標 ………………… 56
非人間的な労働 ………………… 70	
貧富の差 ………………………… 130	**ら**
	利益 ……………………………… 151
ファンドレイジング …………… 52	利害調整機能 …………… 130, 144
複式簿記 ………………………… 129	利己性 …………………………… 20
物質的な充足 …………………… 62	利己的行動原理 ………………… 21
ブルーウォッシュ ……………… 172	リスク管理 ……………………… 139
フレキシキュリティ …………… 103	リターン・ツー・ワーク ……………… 109
文化コントロール ……………… 181	利他的行動原理 ………………… 21
文脈価値 …………… 29, 30, 35, 52	利他的利己主義 ………………… 21, 32
	理念 ……………………………… 190
米国金融規制改革法 …………… 135	利用価値 …………… 29, 30, 35, 185
米国流のマーケティング研究 ………… 22	
	労働時間 ………………………… 47
法人資本主義 …………………… 73	労働分配率 ……………………… 147
包摂 ………………………… 114, 117	ワーク・ライフ・バランス … 85, 99, 103
北欧学派のサービス研究 …………… 12, 22	

【編著者紹介】

西尾 チヅル（にしお・ちづる）　　担当：プロローグ，コラム1

筑波大学副学長・ビジネスサイエンス系教授，博士（工学）

学習院大学文学部卒業。東海大学大学院工学研究科博士課程後期課程修了。

1992年筑波大学社会工学系講師。その後，助教授，教授を経て2023年より現職。

日本学術会議第1部会員（24-25期），内閣府総合科学技術会議基本政策専門調査会専門委員，日本商業学会副会長，産業構造審議会臨時委員等を歴任。現在，経営関連学会協議会理事長，中央環境審議会臨時委員，日本広告学会や日本マーケティング・サイエンス学会等の理事を務める。

主著に，『マーケティング・経営戦略の数理』（共編著，2009年），『マーケティングの基礎と潮流』（編著，2007年）等がある。

上林 憲雄（かんばやし・のりお）　　担当：第3章，エピローグ

神戸大学大学院経営学研究科教授，人的資本経営研究教育センター長，Ph.D.，博士（経営学）

神戸大学経営学部卒業。神戸大学大学院経営学研究科博士課程前期課程修了，英国ウォーリック大学ビジネススクール博士課程修了。

1992年神戸大学経営学部助手。その後，助教授，教授を経て2005年より現職。

日本学術会議第1部会員（23-24期），経営関連学会協議会理事長，日本学術振興会経営問題第108委員会委員長，日本経営学会理事長，日本労務学会会長，経営学史学会理事長等を歴任。

近著に，*A Pioneer of Management Research and Education in Japan*（共編著，2023年），『SDGsの経営学』（共編著，2022年）等がある。

【執筆者紹介】〈執筆順〉

村松 潤一（むらまつ・じゅんいち）　　担当：第1章

岐阜聖徳園大学経済情報学部教授，広島大学名誉教授，博士（経営学）

東北大学大学院経済学研究科博士課程後期経営学専攻修了。

広島大学大学院社会科学研究科マネジメント専攻教授を経て，現職。

広島大学マネジメント研究センター長，アジア市場経済学会会長，日本学術会議連携会員（第24-25期）等を歴任。

近著に，『北欧学派のマーケティング研究』（共編著，2021年），『サービス・ドミナント・ロジックの核心』（共著，2021年）等がある。

戸谷 圭子（とや・けいこ）　　担当：第2章，コラム2

明治大学大学院グローバル・ビジネス研究科教授，ストックホルム商科大学客員教授，
博士（経営学）

京都大学経済学部卒業。筑波大学大学院ビジネス科学研究科博士課程修了。
2002年立教大学大学院ビジネスデザイン研究科，同志社大学大学院ビジネス研究科等を経
て現職。日本学術会議第1部会員（25期–現在），サービス学会副会長。複数社の社外取
締役を兼務。㈱マーケティング・エクセレンス　マネージング・ディレクター。近著に，
Cultural Obstacles to Servitization in Japanese Manufacturing Industries, in *Production
Management, Manufacturing, and Process Control*（共著，2024年），Servitization and
the green economy in *Research Handbook on the Green Economy*（共著，2024年），『B2B
のサービス化戦略：製造業のチャレンジ』（共著，2020年）等がある。

森田 雅也（もりた・まさや）　　担当：第3章

関西大学社会学部教授，博士（経営学）

神戸大学経営学部卒業。神戸大学大学院経営学研究科博士課程後期課程修了。
1992年関西大学社会学部専任講師。その後，助教授を経て2002年より現職。
日本経営学会常任理事，日本労務学会常任理事，日本学術会議連携会員等を歴任。
主著に，『現代 人的資源管理：グローバル市場主義と日本型システム』（共編著，2014年），
『チーム作業方式の展開』（2008年，日本労務学会学会賞（学術賞）受賞）等がある。

瓜生原 葉子（うりゅうはら・ようこ）　　担当：コラム3

同志社大学商学部教授，ソーシャルマーケティング研究センター長，MBA.，博士（経営学）

薬学部を卒業し，外資系製薬企業に20年間従事した後，神戸大学大学院経営学研究科専門
職学位課程，同博士後期課程，大阪大学大学院医学系研究科博士課程を経て，2013年4月
より京都大学大学院医学研究科助教，2014年4月より同志社大学。
京都大学大学院医学研究科客員研究員・非常勤講師，京都府立医科大学非常勤講師，日本
学術会議連携会員，公益社団法人日本臓器移植ネットワーク理事などを兼務。
主著に，『行動科学でより良い社会をつくる』（2021，日本NPO学会賞優秀賞），
Broadening Cultural Horizons in Social Marketing（分担執筆，2020）等がある。

二神 枝保（ふたがみ・しほ）　　**担当：第4章，コラム4**

横浜国立大学大学院国際社会科学研究院教授，経済学博士（京都大学）

早稲田大学商学部卒業。早稲田大学大学院商学研究科修士課程修了（総代）。早稲田大学大学院商学研究科博士後期課程修了。早稲田大学商学部助手，早稲田大学理工学部非常勤講師を経て，1998年横浜国立大学経営学部助教授。2011年より現職。

チューリッヒ大学客員教授，ILO（国際労働機関）客員教授，WHU客員教授，ボルドー・マネジメント・スクール客員教授，ケッジ・ビジネス・スクール客員教授等を歴任。2014年より日本学術会議連携会員。

近著に，*Sustainable Development and Energy Transition in Europe and Asia*（共著，2020年），『雇用・人材開発の日欧比較：ダイバーシティ＆インクルージョンの視点からの分析』（編著，2020年），*Sustainable Development in Asia*（共著，2022年）等がある。

阪　　智香（さか・ちか）　　**担当：第5章**

関西学院大学商学部教授，博士（商学）

関西学院大学商学部を飛び級により退学。関西学院大学大学院商学研究博士課程前期課程修了，同後期課程満期退学。

1998年関西学院大学商学部専任講師。その後，助（准）教授を経て，2008年より教授。

現在，サステナビリティ基準委員会（SSBJ）委員，金融庁金融審議会専門委員，金融庁企業会計審議会委員，日本学術会議連携会員，International Federation of Accountants（IFAC）the International Panel for Accounting Education（IPAE）member，日本公認会計士協会サステナビリティ能力開発協議会委員，日本公認会計士協会継続的専門研修制度協議会IES検討専門委員会専門委員，日本経済会計学会理事，日本会計研究学会評議員などを務める。主著に『環境会計論』（2001年）等がある。

大石 桂一（おおいし・けいいち）　　**担当：コラム5**

九州大学大学院経済学研究院教授，博士（経済学）

九州大学経済学部卒業。九州大学大学院経済学研究科博士課程修了。

1996年佐賀大学経済学部専任講師，助教授，九州大学大学院経済学研究院准教授を経て2013年より現職。

日本会計研究学会理事，日本会計史学会理事，日本学術会議連携会員等を歴任。

主著に，『アメリカ会計規制論』（2000年），『会計規制の研究』（2013年）等がある。

西谷 公孝（にしたに・きみたか）　**担当：第6章**

神戸大学経済経営研究所教授，博士（経営学）

専門はサステナブル経営。

神戸大学大学院経営学研究科博士課程後期課程修了。

広島大学大学院国際協力研究科特任助教，神戸大学経済経営研究所准教授等を経て2016年より現職。その間，ロンドン大学客員研究員，ドレスデン工科大学客員研究員，日本学術会議連携会員，神戸大学経済経営研究所副所長等を兼務。

Review of Managerial Science, Journal of Environmental Management, Business Strategy and the Environment, Journal of Cleaner Production, Women's Studies International Forum など海外ジャーナルを中心に論文多数。

主著に，『創発型責任経営』（共著，2019年）等がある。

澤邉 紀生（さわべ・のりお）　**担当：コラム6**

京都大学大学院経営経営管理大学院・大学院経済学研究科教授，博士（経済学）

京都大学経済学部卒業。京都大学大学院経済学研究科博士後期課程退学。

立命館大学経営学部専任講師，助教授，九州大学経済学部助教授，京都大学大学院経済学研究科助教授を経て2007年より現職。この間，Warwick Business School客員研究員，University of Alberta客員研究員，University of New South Wales客員教授，日本学術会議連携会員などを歴任。現在，日本原価計算研究学会会長，日本管理会計学会常務理事。

主著に，*The Japanese Style of Business Accounting*（共著），『会計改革とリスク社会』，『アメーバ経営学：理論と実証』（共著）等がある。

208

2025年1月15日　初版発行　　　　　　　　略称：サステナブル経営

サステナブル経営
―原理・潮流・実践―

編著者　ⓒ　西　尾　チヅル
　　　　　　　上　林　憲　雄

発行者　　　中　島　豊　彦

発行所　同　文　舘　出　版　株　式　会　社
東京都千代田区神田神保町1-41　　　〒101-0051
営業(03)3294-1801　　　編集(03)3294-1803
振替 00100-8-42935　　　https://www.dobunkan.co.jp

Printed in Japan 2025　　　　　　　製版：一企画
　　　　　　　　　　　　　　　　印刷・製本：三美印刷
　　　　　　　　　　　　　　　　　　装丁：オセロ
ISBN978-4-495-39094-5

JCOPY 〈出版者著作権管理機構 委託出版物〉
本書の無断複製は著作権法上での例外を除き禁じられています。複製される
場合は，そのつど事前に，出版者著作権管理機構（電話 03-5244-5088，FAX
03-5244-5089，e-mail: info@jcopy.or.jp）の許諾を得てください。